나쁜 의사들

나쁜 의사들

미셸 시메스 지음 | 최고나 옮김

▥책담

이 주제를 다룬 여러 책들 가운데 다음 두 책이 없었다면 이 책을 쓸 수 없었을 것이다. 프랑수아 바일의 《하켄크로이츠와 헤르메스의 지팡이.* 제2차 세계대전 중 독일에서 벌어진 인간 실험 Croix gammée contre caducée. Les expériences humaines en Allemagne pendant la Deuxième Guerre mondiale》(1950)과 장 뒤몽의 지도 아래 출간된 필립 아지즈의 《죽음의 의사들Les Médecins de la mort》(1975)이다. 자비에 비가르와 브뤼노 알리우아의 과학적 지식과 도움에도 감사의 말을 전한다.

- 두 마리의 뱀이 감겨 있고 정상에 2개의 날개가 달린 지팡이. 평화, 웅변술, 의학, 상업의 상징이다.

글리카에게

나의 두 할아버지께

내 아이들에게

더 이상 존재하지 않는 사람들에게

...

양심이 없는 과학은 영혼의 잔해일 뿐이다.

라블레(프랑스 작가)

2015년은 우리에게 광복 70주년이 되는 해입니다. 제가 살고 있는 프랑스에서는 제2차 세계대전 종전 70주년이자 아우슈비츠 해방 70주년으로 각종 행사들이 많았습니다. 이에 발맞추어 연초에 화제를 뿌리며 출간된 책이 바로 미셸 시메스의 《나쁜 의사들》입니다. 이 책의 영향으로, 유럽의회가 있는 유럽의 수도 스트라스부르에, 그것도 유서 깊은 스트라스부르 의과대학에 나치가 인류박물관에 전시하려고 만든 인체 해부 조각들이 아직도 남아 있다는 기사가 보도되어 벌어진 일이었죠. 논란이 커지자 저자가 직접 해명하기도 했습니다. 그런데 지난 7월 실제로 스트라스부르 의대 법의학 연구소의 잠긴 방에서 시험관에 담긴 신체 조직 샘플과 장기 일부가 발견되었습니다. 저자가 이 책에서 품었던 의혹이 사실로 밝혀진 것입니다.

미셸 시메스는 프랑스에서 가장 유명한 의사입니다. TV에서 고

정으로 진행하는 프로그램을 통해 의학 정보의 대중화에 기여하고 있고, 여러 방송에 자주 패널로 등장해서 특유의 유머 감각으로 재미를 선사해 의사가 아니라 개그맨으로 알고 있는 사람도 있을 정도입니다. 시종일관 유머 가득한 모습만 보아 온 저로서는 그가 두 할아버지를 강제수용소에서 잃었고, 동료 의사들의 만행을 알려야 한다는 의무감에 짓눌려 왔다는 사실에 깜짝 놀랐습니다.

미셸 시메스는 역사를 기억할 의무에 소박하게 참여하기 위해 이 책을 썼다고 밝혔습니다. 학자나 역사가가 쓴 전문적인 책은 아니지만, 사람을 살리는 일을 해야 할 의사라는 사람들이 어떻게 이런 잔학행위를 하게 되었는지 이해해 보고 그것을 알리고자 했습니다. 하지만 머나먼 유럽에서 일어난 일이 우리에게 어떤 의미가 있을까요? 다른 나라에서 일어난 일을 우리가 왜 기억해야 할까요?

바로 삶과 존엄성에 대한 여러 가지 교훈을 가르쳐 주기 때문입니다. 소위 선진사회라고 자처했던 20세기 유럽의 한복판에서 그런 일이 일어난 것은 우리의 문명이란 것이 위기가 닥쳤을 때 무너지기 쉽다는 것을 뜻하기 때문입니다. 나치가 죽인 것은 유대인과 집시들만이 아닙니다. 그들은 인류 고유의 가치를 죽였습니다. 학살을 통해 진보와 자유, 관용에 대한 믿음을 죽여 버린 것입니다. 그러나 지난 70년 동안 우리는 이 교훈을 우리 것으로 만들지 못했고, 비극이 반복되는 것을 지금껏 보아 왔습니다. 이런 범죄를 방조하는 결탁된 침묵과 무관심을 경계하고 학살과 인종차별을 부추기는 증오의 이데올로기를 멀리하는 데 이 책이 도움이 되기를 바랍니다.

번역을 하면서 책에 등장하는, 유럽에서 가장 서쪽이자 프랑스에 있는 유일한 나치 수용소 나츠바일러 슈트루트호프를 방문했습니다. 제가 여름이면 시원한 숲 공기를 마시기 위해 등산하러 가고 겨울이면 스키를 타러 가는 보주 산맥에 강제수용소가 있었다는 사실에 큰 충격을 받았습니다.

주차를 하고 기념관을 지나자 수용소로 들어가는 문이 나왔습니다. 사진이나 기록 영화에서만 보았던 곳을 직접 보니 말이 나오지 않았습니다. 규모가 작은 데다 산비탈에 계단식으로 자리하고 있어 한눈에 내려다보이던 그곳. 탈출은 꿈도 꾸지 못하게 철

© XAE Eric

조망 담장을 둘러싸고 있던 초소들, 점호를 하던 광장과 누구나 볼 수 있게 설치된 공개 처형대, 실험과 해부를 하던 막사와 시신을 태우던 화장터……. 이런 것들과 극명한 대조를 이루는 세계가 철조망 너머에 있었습니다. 시신의 재를 뿌려 가꿨다는 나치 친위대의 텃밭과 수영장이 있던 수용소 소장의 저택 말입니다.

경악을 금치 못하고 돌아와 다시는 이런 일이 벌어지지 않길 바라는 마음으로 번역을 마무리 지었습니다. 강제수용소를 방문해 느낀 저자의 심정이 조금이나마 전달되는 데 제가 한 일이 도움이 되면 좋겠습니다.

2015년 9월

최고나

바로 이곳이었다. 주변의 다른 건물들과 비슷한, 문이 닫힌 건물 앞에 내가 서 있다. 바로 이곳에서 수많은 인간 실험동물들이 '의사'라고 불리는 자들의 가혹행위를 겪었다. 이 음산한 강제수용소에서 사라진 나의 할아버지 두 분은 어쩌면 그 의사들과 마주쳤을지도 모른다.

바로 이곳에서 그들 중 가장 유명한 요제프 멩겔레가 곧 희생될 쌍둥이들을 탐욕스럽게 관찰하고 사체를 부검했다. 보려고 부검했다. 찾아보려고. 이해해 보려고. 보고, 찾고, 이해하고……. 그런데 무엇을 위해서였을까? 잔학행위로 가득했던 이곳 앞에서 나는 충격을 받아 할 말을 잃고 굳어 버렸다. 이 벽 뒤에서, 닫힌 창문과 문 뒤에서 비명과 흐느낌이 들린다. 고통에 뒤틀리는 야윈 몸, 절규, 그 시대의 역사가 지고 있는 모든 끔찍한 이미지들이 떠오른다.

나는 아우슈비츠 비르케나우에 있다. 이것은 내가 수차례 미루고 미룬 개인적인 순례이자 추모 여행이다. 이곳, 이 건물 앞에서 의사인 나의 가슴은 이해하지 못한다. 생명을 구하는 것이 궁극의 목적인 직업과 연을 맺어 놓고, 어떻게 사람들을 더 이상 인간으로 여기지 않고 죽이고자 할 수 있을까? 너무 단순하고 순진한 질문임을 안다. 나는 표현할 수밖에 없다. 나는 알고 싶다. 여러 차례, 설명할 수 없는 것을 설명하려고 노력한 것들을 읽고 또 읽었다. 그러나 여기, 범죄의 장소에서 나는 본다. 더 이상 분석은 없다. 설명도 없다. 그저 두려움뿐. 내게 맡겨진 처참함…….

증언하자. 말. 감정. 나 자신이 건방진 건 아닐까 하는 생각이 들었지만 그날 내게 찾아온 것은 명령과도 같았다. 그러나 무엇을 증언할 것인가? 그런 일은 전혀 겪지 않은 내가 말이다. 나는 무엇을 말할 것인가? 나의 감정? 내 심적인 고통? 이 벽 사이에 정말로 있었던 사람들과 비교하면 내 고통은 얼마나 될까? 그럼에도 내 직업 때문에, 내가 만난 적 없는 내 가족의 일부 때문에 나는 필요와 부름을 느낀다.

이 여행을 하고 몇 년이 지나서야 나 자신이 건방지다는 생각이 변했다. 내 기억에 부인주의否認主義, 수정주의修正主義, 혐오스러운 체액설*, "그들이 한 일은 나쁘지만, 그래도 의학을 발전시켰잖아"라며 대수롭지 않게 내뱉는 알쏭달쏭한 말들이 추가된다. 만약 그

● 　혈액, 점액, 담즙, 흑담즙에 의해 병리 현상을 설명하려는 학설.

말이 정말이라면? 불가능하다. 과학적이고 합리적인 나의 정신 속에서, 윤리를 자양분으로 삼은 의사로서의 내 작은 뇌 속에서 잔학행위는 의학의 진보로 연결되지 않는다.

나는 그 같은 사형집행인들이 모두 동료들에게 거부당하고 의대에서 웃음거리가 된 형편없는 의사들이며 그들이 잘못 판단했다는 증거를 겨우 찾았다고 확신했었다. 그들은 대학교수들에게 보이려고 했고, 없는 것보다 못한 대학교수들 역시 제3제국의 미친 계획에 참여할 수 있게 되었다. 그들은 독일 국민을 인류 역사상 가장 '온전한' 국민이 되게 해주는 것들을 찾아내려고 했다.

오랫동안, 이 책을 쓰고 싶었다. 나의 편견을 검증하고 싶었다. 모두 아무 쓸모가 없었다는 사실을 보여 주고 싶었다. 모두 무익했다고. 참을 수 없도록 무용지물이었다고. 이 욕구가 너무 간절해지자, 그 실험들이 과학의 진보를 가져왔을 거라는 목소리가 너무 많이, 점점 크게 들려왔다. 나는 모든 자료들을 다시 꺼냈고 글을 쓰기 시작했다.

현실은 내가 상상했던 것보다 나빴다. 그 추악한 의사들은 모두가 미치지도, 무능하지도 않았다. 그리고 뉘른베르크 의사 재판 때 전문가들 사이에서 논쟁이 많았던 실험들의 결과는 어땠을까? 쓸모가 있었을까? 전쟁이 끝나고 연합군이 사용했을까? 탈출한 사람들은 어떻게 되었을까?

이 이야기들을 하고 싶었다. 완벽하게 했다고 우기진 않겠다. 나는 역사가가 아니다. 그저 의사일 뿐이다. 지식을 전달하고 대중화하는 사람이다. 이런 자격으로 어떤 일들이 있었는지 서술하고 싶었다. 나보다 앞섰던 다른 사람들, 다르게, 더 뛰어나게 이야기한 사람들이 있지만, 이 분야에서 지나친 열의란 없다고 믿는다.

이 글은 반인류 범죄의 희생자들을 추모하는 부서지기 쉬운 기념물에 조촐하게 보탠 나의 작은 돌이다.

| 차례 |

1장

의사 혹은
사형집행인

뉘른베르크 강령

| 뉘른베르크Nuremberg 강령 |

제2차 세계대전이 끝난 후 독일 뉘른베르크의 나치전범재판이 열렸고 그 일을 계기로 실험 윤리의 필요성이 부각되었다. 1947년 다시는 비윤리적인 실험이 벌어지지 않도록 인체 실험에서 지켜야 하는 열 가지 기본 원칙이 제정되었다. 실험 대상이 되는 사람의 자발적 동의가 반드시 있어야 한다는 점, 모든 불필요한 신체적·정신적 고통을 침해해서는 안 된다는 점, 실험 대상자가 원하지 않으면 바로 실험을 중단해야 한다는 점 등의 내용이 담겨 있다. 특히 피실험자의 자발적 동의와 이를 위한 충분한 정보 제공이 가장 중요한 원칙으로 꼽힌다. 하지만 이후에도 의약품 개발을 위한 임상 실험 등에서 이 강령에 위배되는 실험들이 수도 없이 행해졌다.

어떻게 의사가 사형집행인이 될 수 있을까? 어떻게 다른 사람을 돌보는 일에 헌신한 사람이 다른 사람에게 고통을 주는 결정을 내릴까? 폐허가 되지 않은 몇 안 되는 지역에 위치한 웅장한 뉘른베르크 재판소에서, 기소된 의사 20명의 판결을 맡은 전문가들은 여러 차례 이런 문제를 제기해야 했다. 1946년 말로 거슬러 올라가 보자. 1945년 11월부터 1946년 10월까지 열린 뉘른베르크 재판이 끝나자마자 역시 같은 도시에서 의사들의 재판이 시작되었다. 전문가들의 임무는 쉽지 않았다. 그들은 인간을 실험했다는, 차마 말로 할 수 없고 믿기지 않을 정도로 잔학한 행위에 심판을 내려야 했다.

나치 고관들을 심판하는 '대단한' 뉘른베르크 재판이 끝나기 직전, 전쟁범죄 위원회 산하 전문가 위원회가 강제수용소의 나치 의사들 조사를 맡았다. 이름만큼이나 공명정대한 위원장 클리오 스트레이트*는 수많은 자료와 명백한 증거물, 증인들을 모았다. 스트레이트는 나치 의사들이 살인도 모자라 가증스럽게도 가스실보다 혹독하고 유례없는 고통을 가했다는 사실을 확인했다. 위원회 위원들과 법정이 폭로하기를, 다하우에서 지그문트 라셔는 저체온증 연구를 위해 수감자들을 얼음물 수조 안에서 죽어 가게 했고, 부헨발트와 나츠바일러에서는 희생자들에게 일부러 티푸스와 콜레라 및 다른 전염성 질병을 접종했으며, 라벤스브뤼크에서는 근육 실험을 하겠다고 여성들의 무릎을 부러뜨렸다.

또한 이들은 멩겔레가 아우슈비츠에서 쌍둥이에 대해 품고 있던 환상을 자유롭게 실험했다고 밝혔다. 그럼에도 멩겔레는 재판에 출두하지 않았다. 그는 도주에 성공했지만 운명의 장난인 듯 재판이 시작되던 때에 그리 멀리 있지 않았다. 바이에른 주에 있는 친척 집에 숨어 있던 그는 남미로 도주했고, 그곳에서 1979년 자연사했다. 라셔가 죽임을 당했다면, 미 공군에서 새 직업을 얻어 새로운 인생을 시작한 오스카 슈뢰더와 지크프리트 루프, 콘라드 셰퍼 같은 인물들은 최후의 순간에 체포되었다. 불참했건 죽었건 실종되었건, 이 사형집행인들의 범죄는 검사 측의 입에 머물러 있었다. 일단은 그것으로 충분했다.

피고인석에 앉은 20명은 각기 전공이 달랐고, 나이도 재판 당

*   Straight는 '곧은, 똑바른, 정직한'이란 뜻이다.

시 서른다섯부터 예순둘까지 다양했다. 이들은 외과 의사 4명(카를 브란트, 프리츠 피셔, 카를 게브하르트, 파울 로스톡), 피부과 의사 3명(쿠르트 블룸, 아돌프 포코르니, 헤르타 오버호이저), 세균학자 4명(지크프리트 한드로저, 요아힘 므루고프스키, 게르하르트 로제, 오스카 슈뢰더), 내과 전문의 1명(빌헬름 바이글뵉), 방사선과 의사 1명(아우구스트 벨츠), 일반의 2명(발데마르 호벤, 카를 겐츠켄), 유전학자 1명(헬무트 포펜딕), 연구원 4명(헤르만 베커 프레이장, 볼프강 롬베르크, 지크프리트 루프, 콘라드 셰퍼)으로 구성되었다. 의사들의 분야는 다양성을 상징했다. 여성은 헤르타 오버호이저가 유일했으며 당시의 의료계를 상징한다고 볼 수 있다. 그다지 특별할 것 없는 그들은 시대와 닮아 있었다.

나는 내 사무실에 그들 중 몇 명의 사진을 붙여 놓았다. 가끔 그들을 바라보며 무엇이 그들을 사형집행인으로 변하게 한 것인지 이해해 보려 애썼다. 그들의 인격과 개인사 속의 무엇이 그 괴물 같은 시기와 물리적으로 반응하여 의사를 살인자 및 살인 연구자로 변하게 하는 엄청난 화학적 혼합물을 제공한 것일까?

우리는 두려움에서 벗어나고 싶은 생각에, 특히 나처럼 의료계에 종사하는 사람들의 경우엔 그 중죄범들이 미천한 의사이기를 바란다. 그들은 인생의 낙오자이고 그다지 영리하지 못하며 환경과 이데올로기로부터 영향을 받은 개업의들인데, 발명가 흉내를 내려고 시대와 강제수용소의 고립을 이용한 것이라고……. 그들

23

은 명령을 받았고 자유롭게 행동할 수 있었다. 그래서 절차를 무시하고 바로 인체 실험을 함으로써 의학 규정을 어겼다. 의학 규정이 지금처럼 면밀하여 이정표가 되어 주지는 않았지만 그렇다고 존재하지 않았던 것은 아니다. 피실험자의 자발적 동의가 필수임을 강조했으므로 의사들은 스스로에게 실험하길 선호했다.

현재 모든 실험은 우선 세포 조직에 실시하고, 작은 동물에 이어 큰 동물에게 수행한 뒤에, 매우 많은 수의 건강한 개인 표본들과 환자들에게 제안해야 한다. 의사는 물론 환자들이 위약 효과에 영향을 받지 않도록 이중 맹검법*으로 실시한다. 이 모든 규정들을 지키려면 엄청난 시간이 소요된다. 연구자의 아이디어에서 최종 결과가 도출되기까지 수십 년이 걸릴 수도 있다.

그렇다면 사람들이 집단으로 죽어 가고 바다에 추락한 조종사들이 추위에 목숨을 잃는 전시戰時라면 그 시간은 필요 이상의 것처럼 보인다. 규정들이 무가치한 것이 아니라는 데에는 모든 의사들이 동의한다. 그럼에도 지배적인 이데올로기가 '샛길로 빠지지 말고 똑바로 가라'고 권장하고 힘러가 과학자들을 향해 '언제나 시도하라'는 슬로건을 부르짖으면, 라셔 같은 인물은 거리낌 없이 수감자들을 찬물에 집어넣었다!

•   신약의 임상 시험에서 가약을 투여하는 대조군을 두는데, 어느 것이 가약인지 의사 또는 피검자가 모르게 하는 시험법. 피검자만 모르는 단순 맹검법과 의사와 피검자 모두 모르는 이중 맹검법이 있다.

이 악한 의사들이 무엇보다 못된 의사들이었고 미친 시대의 피해자들이며 너무 형편없는 인간들이어서 악독해진 거라고 단순하게 믿고 싶어 하는 것이 지배적인 의견이다. 좀 더 영리하거나 재능 있는 사람들에 대해서는 광기로 치부한다. 멩겔레의 경우 정신병자였다고 생각한다. 그렇지만 이들 대부분은 당시 의학을 포함하여 여러 학과에서 명성이 자자한 독일의 명문대학에서 공부했다. 몇몇 고위직 의사들은 몸소 실험을 참관하러 오기까지 했다. 당시 사진을 보면 이 악독한 의사들이 일반적인 의사의 모습을 하고 있음을 확인하게 된다.

또 다른 편견은 이 실험들이 모두 쓸데없었다는 것이다. 방법론적 관점으로 보면 이 실험들은 재현할 수 있는 것이 아니고, 통계학적 관점으로 보면 조사 대상이 너무 제한되어 있어 대표성을 갖지 못하는 것이 사실이다. 이외에도 저체온증, 메스칼린mescaline*, 소금물 섭취, 벌어진 상처의 변화나 전염성 질병의 추이 등 우리가 이미 알고 있는 것들에 대한 실험뿐이었다.

내가 보기에 의사들을 이해하는 데 가장 흥미로운 요소는 바로 재판 때 자신의 변호를 위해 그들이 제시한 논거들이다. 당연히 정당하다고 생각하지 않지만, 그 논거들은 사람들이 믿어 주길 바라는 그들의 진실과 사연을 보여 준다. 어쩌면 그들 자신부터 믿

●   선인장에서 추출하는 환각제.

고 싶은 건지도 모른다. 분명 자기 목숨을 구하려는 것이겠지만 역시 자기 영혼을 구하려는 것일 게다. 그들의 논거는 일곱 가지였다. 히포크라테스 선서의 구습적인 성격, 미국에서 실시된 실험들과의 유사성, 히틀러 전체주의의 책임, 연구자의 사리사욕 없는 성격, 인류의 처지를 개선하고자 하는 소망, 실험용 동물 모델이 지닌 한계, 그리고 수감자에게는 저지른 죄의 대가를 치를 기회라는 것이다.

오늘날 의과대학생들은 여전히 모두들 다음과 같은 형태의 히포크라테스 선서를 외친다.

의술을 행할 수 있도록 허락된 때부터 도의와 청렴의 법에 충실할 것을 맹세한다.

나의 첫 번째 관심은 개인과 사회, 신체와 정신, 모든 요소에서 건강을 회복시키고 보존하며 증진시키는 것이다.

나는 사람의 상태나 신념에 따른 어떤 차별도 없이 모든 사람들과 그들의 자율성 및 의지를 존중할 것이다. 사람들이 쇠약해지고 병에 걸리기 쉽거나 존엄성 및 온전한 상태가 위협받을 때 그들을 보호하기 위해 개입할 것이다. 강압이 있다 해도 인류의 근본원리에 반하여 나의 지식을 사용하지 않을 것이다.

고려하는 결정과 그 이유와 결과를 환자에게 알릴 것이다. 환자의 신뢰를 절대로 배신하지 않을 것이며 신념을 억압하기 위해 상황에서 얻은 권력을 휘두르지 않을 것이다.

나는 가난한 사람과 내게 요청하는 사람은 누구나 치료할 것이다.

명예나 이익을 얻으려는 욕구에 휘둘리지 않을 것이다.

사적 관계에서 내게 털어놓은 비밀을 지킬 것이다. 집 안에서 맞이할 경우 가정의 비밀을 지킬 것이며 풍기, 양속을 손상시키는 행동을 하지 않을 것이다.

고통을 덜어 주기 위해 최선을 다할 것이다. 임종의 순간을 지나치게 연장하지 않을 것이다. 일부러 죽음을 유발하지 않을 것이다.

나의 임무 완수에 필요한 독립성을 지킬 것이다. 내 능력을 넘어서는 일은 시작하지 않을 것이다. 내게 요구된 의무에 최선을 다하기 위해 능력을 완벽하게 갖추고 유지할 것이다.

역경 속에 있는 동료 의사들과 그의 가족들 역시 도울 것이다.

내가 나의 선서에 충실하다면 사람들과 동료들은 나를 인정할 것이며, 이를 어긴다면 나는 명예가 손상되고 멸시를 받을 것이다.

훌륭하다. 이 선서는 고대 그리스 시대에 제정되었지만, 기원전 5세기 이래 과학과 사회가 발전을 하긴 했다. 그런데 1939년 독일에서는 다른 곳들과 마찬가지로 그리스의 사유에 빚을 진 또 다른 언어이자 의사의 행동을 규제하는 윤리를 보장하는 건 이 텍스트뿐이었다. 결과적으로 그들은 이 아름다운 텍스트를 자기변호에 도움이 되는 의미로 왜곡하고 변질시킨 것이다. 이것만으로도 의사회에 반하는 범죄가 성립된다!

그들의 첫 번째 논거는 이 선서에 실험에 대한 언급이 없어서 의사들이 윤리적으로 헐벗은 상태라는 것이다. 그렇지만 "모든 사람들과 그들의 자율성 및 의지를 존중할 것이다"라는 문장 자체가 지침을 말해 주고 있다. 그러나 그들의 계속되는 변호에 따르면 수감자들은 환자가 아니었다. 수감자에 범죄자일 뿐이므로 의사들은 이 선서에 구애받지 않는다는 것이다. 특히 '모든 요소에서 건강을 증진시킨다'는 내용을 추구한다면 말이다. 이는 확실히 재판에서 주목할 만한 대목이었다.

강제수용소 수감자들을 실험함으로써, 즉 과학보다는 고문에 더 가까운 행위를 함으로써 의사들이 노린 단 하나의 목적은 인류를 구하고 발전시키는 것이었다. 변호인 측은 또 다른 주목할 만한 대목으로 질문을 던졌다. "만약 도시에 페스트가 퍼졌는데 다섯 사람을 죽여서 5,000명을 구할 수 있다면 당신은 어떻게 하겠는가?" 이 말은 그리스 비극처럼 멋지지만 사리에 어긋난다. 미국인 전문가 앤드류 아이비가 상기시켰듯이, 어떤 의사도 무고한 사람의 죽음이라는 지워지지 않는 일에 양심을 내려놓지 않을 것이기 때문이다. 그럼에도 불구하고 이 광기의 시대에 이 5명의 무고한 사람들은 하등 인간이었고, 선서에 나오는 인류란 아리안 인종에 한정되었다.

이때 또 다른 논거가 개입하는데 바로 이데올로기의 함축성이다. 이 점에 있어서는 의사가 나치 이데올로기의 지배 아래에 있음을 명확히 해야 한다. 먼저 당시 의학은 전쟁 전부터 우생학에 자양분을 두고 있었다. 또한 인종 정화라는 틀에서 의학에 관심이 높았던 체제였기 때문에 통제, 균등화를 공표하면서 유대인 출신 의사들을 몰아냈고, 유대인 학생 수에 차별적 제한을 두고 의대 학생들에게 일자리를 주었다. 그 결과 1939년 대부분의 의사들은 나치 당원으로 구성되었다.

피고인들의 또 다른 논거로 프리츠 피셔는 진정한 '비인간화'를 거론했다. 실험이 전쟁의 틀에서 이뤄진 것이 사실이고, 의사들은 흰 가운을 입지 않을 때에는 제복을 착용했다. 피셔의 발언이 이를 명확히 설명해 준다. "그 시대에 나는 자유로운 민간인 의사가 아니라 복종해야 하는 군인이었다." 또 그는 이렇게 말했다. "1942년에 개인은 소신을 따를 수 없었다. 더 높은 명령과 공동체 아래에 있었다. ……자유로운 국가의 인간이었다면 내가 한 일을 하지 않았겠지만, 전시에 전체주의 국가에서는 폭탄을 투하해야 하는 비행사처럼 개인이 복종해야 하는 상황들이 있다. 단지 내가 강조하고 싶은 것은 잔인성에 의해 그 일들이 일어난 게 아니라 국가라는 틀 안에서 우리의 부상자들을 위해 일어났다는 점이다."

나는 다행히 군인이었던 적은 없지만, 인간을 몇 시간 동안 찬물에 담그고 관찰하는 행위가 잔인성 없이 이루어졌다고는 상상하기 어렵다. 그런데 변호인 측은 피실험자들이 실험에 동의했다는 사실을 상기시켰다! 감히 환자들의 이름은 말하지 않겠지만 강제수용소 의사들이 실제로 실험 대상자들에게 형의 경감을 제안했을 수도 있다. 당연히 생존자가 거의 없었던 데다, 설사 생존했다고 해도 감형 요구를 동료 행정가들이 실제로 실행에 옮겼는지 확인하는 것은 의사들의 일이 아니었다. 각자 자기 본분이 있지 않은가.

울음바다를 만들거나 분노, 혐오감을 일으키지 않으면 실소가 나오게 하는 논거들도 있었다. 최악의 논거는 확실히 동물을 실험하는 것이 불가능했다는 주장이었다. 이는 채식주의자 히틀러의 갑작스런 욕망과 일맥상통하는 일로, 1933년부터 동물에게 고통과 학대를 가하는 것이 법으로 금지되었다. 이처럼 의사들은 짐승을 배제하고 인간을 고문함으로써 법을 지킨 것이다. 그들은 그저 집행자일 뿐이었다. "의사인 당신들은 단지 도구일 뿐이다"라고 힘러는 말했다. 게다가 그들은 이익을 보려는 방식으로 행동하지도 않았다. 사실 이 실험들은 적어도 전쟁 기간 동안 1코펙*의 돈조차 벌어 주지 못했다.

가장 민감한 논거는 미국에서 수행한 실험들과 관련된다. 실험을 한 독일 의사들은 대서양 너머 동료 의사들보다 실험 대상자의 건강에 더욱 신경을 썼다고 뻔뻔하게 진술했다. 예를 들면, 지크

---

* 러시아의 화폐 단위로 1루블의 100분의 1이다.

프리트 루프 박사는 미국인들의 실험 방법에 대해 조심스러운 태도를 보이며 다음과 같이 말했다. "미 공군은 독일 공군과 똑같은 훈련 테스트를 1만 2,000미터 상공에서 군인들에게 실시했다. 여러 명이 사망했지만 우리에게는 사망자가 없었다. 미국인들은 승무원들을 1만 2,000미터 상공에 한 시간 동안 두었지만, 우리는 15분이었기 때문이다." 힘러의 개인 고문이었던 루돌프 브란트는 미국에서 실시한 추위 실험에서 6명이 사망했음을 상기시켰다. 곧바로 발표한 그 실험들을 미 공군에서 사용한 것이다.

또 그들은 뻔뻔하게도 "다하우에서 실시한 실험들이 연구를 몇 년이나 앞당겼다"고 결론지었다. 변호사는 3개의 교도소에서 실시한 말라리아 실험이 실린 1945년 6월 4일자 〈라이프Life〉지를 흔들면서 "사회의 적과 같은 수감자들이 사회의 또 다른 적을 무찌르도록 도왔다"고 하며 "어떻게 이 실험이 채택될 수 있었는지 당신의 의견을 말해 달라"고 요청했다. 두 미국인 전문가 앤드류 아이비와 레오 알렉산더는 이 비난을 피하는 데 조금 어려움을 겪었지만, 미국의 실험이 '자발적 동의' 원칙을 지켰고 서명을 받았다는 점을 상기시키는 것만으로 충분했다.

결국 피고인들은 인체 실험에 대한 윤리적·사법적 공백을 비난하고 법 규정이 없음을 유감스러워했다. 독일제국 의사조합의 부회장인 쿠르트 블롬 박사는 전쟁이 끝나고 인체 실험의 법적 규정을 만들 생각이었다고 알렸다. 그는 폐암과 흡연의 연관성 같은 기본적인 발견이 이루어지고 나치가 진정한 전쟁을 선포한 암에 대해 일련의 실험들을 할 예정이었다.

인체 실험에 대한 법적 규정을 마련하는 것은 그들이 바란 것 중에 유일하게 실현되어 기쁜 일이었다. 사실 이 재판이 종결되면서 뉘른베르크 강령이 탄생했고 몇 년 뒤 수정 보완되면서 완전해졌다. 이 강령은 생명 윤리와 인체 실험 분야에서 무엇을 용인할 것인지 그 기초를 세웠다. '사전 동의'에 대한 인식이 생긴 것은 검사 측뿐만 아니라 변호인 측에서도 제기한 문제의 결실이다. 이는 현재의 의료 윤리를 지배한다.

결과적으로 선을 위한 악이었다고 말할 수 있을까? 비관주의자와 낙관주의자는 이어지는 내용에서 아이디어를 얻을 수 있을 것이다.

2장

인간 재료

지그문트 라셔

| 지그문트 라셔Sigmund Rascher(1909~1945) |

의사 한스 아우구스트 라셔의 셋째 아들로 태어났다. 뮌헨의 대학에서 의학을 공부했고 1933년 나치당에 입당했다. 인턴십을 마친 후 스위스 군에 가담하기도 했다. 1936년 의사 면허를 취득하고 같은 해에 나치 돌격대에 들어갔으며 몇 년 후 나치 친위대로 옮겼다. 뮌헨의 병원에서 암 연구에 매진하다가 힘러에게 인간 실험을 제안해 승낙을 받고 다하우 수용소에서 실험을 지휘했다. 감압 실험, 저체온증 실험을 한 것으로 악명 높다. 아기를 유괴해 임신한 척 속여 힘러의 미움을 사게 되면서 아내와 함께 다하우 수용소에서 처형당했다.

뮌헨과 다하우의 거리는 고작 10여 킬로미터. 그러나 한 세계가 바이에른 주의 빛나는 도시와 독일에서 가장 오래된 강제수용소를 갈라놓고 있다. 이 아이디어는 이 지방 출신이자 히틀러의 오른팔인 하인리히 힘러가 낸 것이다. 힘러Himmler는 독일어로 '하늘Himmel'을 연상시키지만 그에게는 악의적인 생각만 가득했다.

1944년 2월의 추위 속에서 어느 덜컹거리는 차량이, 정확하게 말하자면 한 석탄 트럭이 눈이 소복이 쌓인 풍경을 더럽히고 있었다. 이 트럭은 힘러의 명령에 따라 움직이고 있었다. 흑백의 음울한 배경 속에서 더욱 음울한 목적지인 다하우 강제수용소로 이 트럭이 극비리에 운반한 것은 무거운 소포였다. 트럭 안에는 관이라고 해도 좋을 만큼 수직으로 긴 잠함이 있었는데, 잠함을 밀폐하는 동시에 압력을 조절해 주는 커다란 손잡이는 달리 말하자면 그 안에 감금된 사람이 느낄 지옥의 강도를 조절하는 것이었다.

한편 이 잠함을 받게 된 남자는 기뻐서 어쩔 줄을 몰랐다. 그는 나이에 비해 머리숱이 적었고 머리카락은 붉었으며 작달막했다. 열흘 전 힘러는 이 지그문트 라셔 박사의 서른아홉 번째 생일을 축하하며 가장 멋진 선물을 선사해 주었다. 박사의 꿈이었지만 동료들은 들어주지 않았던 항공학 실험에 필요한 모든 허가와 함께 아름다운 감압실을 보내 준 것이다.

공군에서 복무한 이래 라셔는 비행에 대한 찬미와 진정한 열정을 키우고 있었다. 그런데 문제는 적인 영국 공군이 높이 올라가는 걸 따라가느라 비행기가 점점 높은 고도에서 날게 된다는 것이었다. 그 결과 조종사가 조종석에서 탈출해야 할 때 인체가 견디기 힘든 조건인 큰 압력차와 기온차 아래에 놓이게 되어 사망하는 경우가 있었다. 되찾은 조종사의 시신을 보면 고막은 터져 있고 뇌와 허파에는 액체가 가득했으며 심장이라고 상태가 더 나은 건 아니었다. 자연히 의문이 떠올랐다. 사망 원인은 무엇인가?

이론적으로 인간은 어떤 고도에서도 비행이 가능하다. 기밀실을 갖춘 비행기 안에 있다면……. 그러나 조종실에 금이 가는 순간, 신체는 고도에 상응하는 압력 저하와 추위, 산소 부족 상황에 노출된다. 베를린 인근 아들러스호프에 위치한 독일 항공 테스트 센터는 높은 고도에서의 심폐 생리학을 연구했다. 그런데 당시 의학으로는 8,000미터 선까지는 고도가 인간에 미치는 영향을 알고 있었지만 그 이상은 거의 알지 못했다. 센터에서 동물로 몇 차례 실험을 시도했으나 동물에게 낙하산을 펼치도록 요구하는 것이 어려운 데다 한편으로는 동물 실험이 법으로 금지되었다.

야심찬 젊은 연구자였던 라셔 박사는 관련 심포지엄에 빠지지 않고 참석했고, 심지어 1941년에는 항공의학 전문교육을 받기도 했다. 분야 자체는 흥미진진했으나 비행이란 말장난이 아니라 조종사의 영역이었다. 인간이 생존 불가능한 고도의 한계를 측정해 인간의 생명을 구하고, 어떤 높이에서 탈출이 가능하고 언제 낙하산을 펴야 하는지 알려 주는 매뉴얼을 제공하는 것이었다. 이 분야의 의학은 답보 상태였고 인력 손실은 점점 더 늘어가는 반면, 영국의 적들은 날마다 더 높이 날아 영역을 넓혀 갔다.

힘러와 수차례 서신을 교환하며 라셔는 이 문제를 풀 아이디어가 있는데 시간을 벌기 위해서는 (그리고 독일 조종사들을 더 많이 구하기 위해서는) 바로 인체 실험을 해야 한다고 암시했다. 그는 힘러에게 사형수 몇 명만 있다면 그들 덕분에 항공의학이 눈부신 도약을 할 것이라고 매우 솔직하게 요구했다. 그러나 그 도약은 라셔의 관점으로 본다면 진전이지만, 인체 실험을 굉장히 주저하던 당시 대다수 과학자들의 관점으로 본다면 후퇴였다. 라셔가 힘러에게 쓴 1941년 5월 15일자 편지를 보자.

'인간 재료'로 실험하지 못한다면 애석하다고 판단했습니다. 왜냐하면 이 실험은 매우 위험해서 아무도 자원하지 않기 때문입니다.

그렇기 때문에 중대한 질문을 던지겠습니다. 실험의 결론을 위해 두세 명의 전문 범죄자들을 우리가 자유롭게 사용하도록 해주실 수 있겠습니까?

라셔는 편지를 잔뜩 보내 아첨을 퍼붓고는 "나치 친위대장님께 영광을!"이라고 끝맺으며 총통 히틀러는 물론이고 특히 힘러를 향한 애정과 감사를 드러내는 데 인색하지 않았다. 힘러는 이 젊은 박사의 이론이 정당하다고 별 이의 없이 납득했다. 라셔의 펜촉에는 비굴함과 비속한 야심이 엿보였으나 그건 범죄도 아니었고, 적어도 아첨이란 것을 섬세하게 할 필요는 없었다.

라셔의 유년기에서 그의 잔혹한 행동의 전조를 보여 주는 것은 아무것도 없었다. 그렇다면 라셔 박사는 누구인가? 대학 강사 자리에 지원했던 그의 이력서가 보존되어 있다. 그는 뮌헨에서 부친과 숙부가 의사인 의사 가문에서 태어났다. 음악가였던 형을 싫어하고 아버지를 좀 경멸한 반면, 숙부와는 사이가 좋았으며 전형적이라고 여겨지는 길을 따랐다. 뮌헨과 프리부르의 우수한 대학에서 공부한 사실을 고려한다면 그는 매우 뛰어난 성적으로 의대를 졸업했다. 1936년 외과의 면허를 취득했지만 연구로 방향을 돌리길 원했다. 그리하여 트룸 교수의 조교가 되어 혈액학 연구를 도왔다. 이들의 공동 작업으로 탄생한 약이 독일 군인들의 목숨을 구하려고 만든 혈전 방지제 폴리갈polygal이다.

많은 독일 청년들처럼 라셔 역시 정치와 다른 체제들이 배출하기를 원했던 '새로운 인간'에 관심이 있었다. 당시 대다수의 의사들과 마찬가지로 라셔에게 새로운 인간이란 국가사회주의자를 의미했다. 그는 1933년 나치당에 가입했고, 1936년에는 SA(돌격대)에 입당했다. 이때까지 라셔는 개인적인 야망과 그를 빚은 시대가 일치하는 '시대의 인간'이었고, 그 시대는 그를 괴물로 만드는 데 기여했다.

당시에 찍은 그의 증명사진이 남아 있다. 그는 그저 평균적인 '평범한' 젊은이로 잘 정돈된 머리에 옆 가르마를 탔고, 서툴게 맨 넥타이에 양복차림이 아직은 편하지 않은 모습이었다. 남들처럼 야심찬 젊은이로서 자신의 야심에 미치지 못할까 봐 걱정했다. 초인을 꿈꾸던 1930년대의 이 독일 청년은 자신이 쓸모없는 사람은 아닐까 하는 막연한 자각에 괴로워하며 선한 아리아 인이 되고 싶어 했다.

악당으로 여겨지는 사람을 해명해 주려는 것은 결코 아니지만, 라셔의 경우 환경과 함께 아내와 힘러를 비롯한 주변인들이 그가 괴물이 되는 데 결정적 역할을 했다고 생각한다. 악당이 되고 악당으로 존재하는 방식들이 있다. 라셔의 경우에는 괴물이라고까지 하겠지만 상황 때문에 쓰레기가 되었다고 해서 덜 역겹거나 덜 위험한 것은 아니다. 라셔 인생의 전환점은, 그러니까 그의 조국에 전환점이 된 시기에 찾아왔다. 먼저 그가 1933년 입당했을 때,

그리고 1939년 초로기에 접어든 푸른 천사* 니니라는 마흔을 훌쩍 넘긴 카롤라인 디엘스를 만났을 때다. 그녀는 라셔의 귀에 "머리부터 발끝까지 난 사랑이에요."[1]라고 속삭이며 그가 SS(친위대)가 되어 경력을 쌓을 수 있도록 힘러와 손님들을 소개해 주었다. 이 여가수가 라셔의 경력과 행복에 자기 재능을 헌신하기 전에 힘러의 정부였다는 사실은 제법 그럴듯하다. 그녀의 매력에 라셔는 복종했고 진급을 할수록 영혼을 잃어 갔다.

강제수용소의 동료들은 라셔의 상냥함이 억지스러웠고 친절을 베푸는 것 역시 부자연스러웠으나 잔인성은 없었다고 묘사했다. 라셔는 웃으며 이를 드러내지만 물어뜯지는 않는 유의 인간이었다. 조수 중 한 명이었던 네프는 그가 실험 대상이 된 가여운 사람들에게 상냥한 편이었다고 설명했다. 연민은 없었지만 잔인하지는 않았다는 것이다. 법이 두려웠기 때문일까, 아니면 주변인들로부터 그저 존경을 받기 위해서였을까?

그는 자신이 요청한 사형수 대신 다른 수감자를 간수가 데리고 오면 실험을 거부한 데다 상급자에게 고발해 그 간수가 다른 수용소로 전근까지 가게 만들었다. 밀고에 있어서 라셔는 다른 사람에게 뒤지지 않았다. 1939년에는 자기 아버지를 게슈타포에 고발

●　독일 영화 〈푸른 천사〉(1930)에서는 근엄하고 고지식한 교수가 '푸른 천사'라는 술집 가수 롤라와 사랑에 빠져 모든 걸 버리고 결혼하나 결국은 파멸에 이른다. 여기서 '푸른 천사'란 남자들을 유혹하여 파멸로 이끄는 파괴적인 여자를 가리킨다.

했다. 뮌헨의 정직한 의사였던 그의 부친이 털어도 먼지 하나 나오지 않자 게슈타포는 그를 닷새 만에 석방했다. 그럼에도 라셔는 밀고를 반복했고 그의 부친은 다시 수감되었다가 석방되었다.

패기도, 그 어떤 연민도 없이 으르렁거리며 이를 드러내던 라셔는 주인인 힘러와 니니 디엘스에게 뼈다귀를 갖다 바치려고 수단을 가리지 않았다. 주인은 힘러뿐만이 아니었다. 개줄 끝을 잡고 있었던 사람은 조언을 해주며 그를 조종하는 니니 디엘스였다. 라셔는 '마님'의 충성스런 개였다.

사적인 영역에서나 공적인 영역에서 라셔는 지식과 윤리의 한계를 밀어냈다. 그는 아내와의 사이에 자식이 없었다. 부부는 신생아를 훔쳤다. 그렇게 범죄적 결합에서 사내아이 3명이 '태어났다.' 그리스 비극에 견줄 만한 이 시나리오는 매번 똑같았다. 부부에게 찾아온 즐겁고도 놀라운 소식, 힘러에게 보내는 편지, 쿠션으로 꾸민 가짜 배. 그렇게 9개월을 채우면 전직 가수의 희극은 끝났다. 끝이 좋으면 다 좋다고, 힘러는 라셔의 온 가족에게 초콜릿을 선물로 보냈다.

이 기상천외한 사건은 완전히 밝혀지지 않았다. 혹자는 전쟁통에 고아나 버려진 아이들이 넘쳐난 건 사실이었으니 유기된 신생아들을 '거둔' 것이라고 했고, 또 다른 혹자는 라셔의 하녀가 '대리모' 역할을 한 것이라고 했다. 그 가정은 일종의 아리아 인종 탁아소인 레벤스보른°이었다. 이렇게 하여 쉰이 넘은 니니 디엘스는 독일제국에서 가장 나이 든 산모가 되었고, 당시로서는 기적이다 못해 흉측할 정도였다.

라셔의 가장 유명한 사진을 보면, 벗겨진 이마에 웃고 있는 그가 깨끗이 면도된 뺨을 포근하게 감싼 아기의 몸에 바짝 붙이고 있다. 나는 이 사진이 특히나 인상적이며 시사하는 바가 많다고 생각한다. 맵시 있게 제복을 차려입은 의사가 행복하고 자랑스러운 표정으로 카메라 렌즈를 보는 한편, 아기는 두려운 시선으로 허파가 찢어지도록 울고 있다. 당시에는 사진을 지금처럼 마음껏 삭제하고 다시 찍을 수 없었겠지만, 분명 사진사는 아마도 의도치 않게 이 가증스러운 상황의 진실을 포착한 것인지도 모른다.

어쨌거나 1940년대 초 독일에는 사형수가 부족하지 않았고, 힘러는 인체 실험의 필요성을 마음속 깊이 확신했다. 가장 어려운 일은 의사회의 반감을 극복하는 것을 넘어 그 유명한 감압실을 얻어내는 것이었다. 라셔는 이 걸림돌 때문에 안달복달했고 동료들에게 뿌리 깊은 원한을 품었다. 의사회의 회의적인 태도가 침묵으로 잦아들고 힘러조차 시간을 조금 끈 후에, 라셔는 다하우의 연구자로 임명되어 마침내 자신이 꿈꾸던 실험을 이끌게 되었다. 그에게 전권이 주어진 것이다. 그의 임무는 강제수용소에서 생명을 구할 방법을 찾는 것이었다.

•   아리아 인의 개량 증가 프로그램의 명칭이며 고대 독일어로 '생명의 샘'이란 뜻이다.

3장

인간을 살리기 위해
인간을 실험했다

라셔의 연구

산소와 온기가 부족해 발생하는 저산소증과 저체온증은 비행사들에게 위험한 두 가지 장애물이다. 이론적으로 보면 기밀실에서 인체는 어떤 고도에서도 견딜 수 있으나 전쟁 중에 조종실은 밀폐 상태를 오래 유지하지 못했다. 독일 비행사들은 차가운 북해나 영불해협, 심지어 들판에서 구조를 받아도 저산소증이나 저체온증으로 사망했다. 다하우에서 멀지 않은 히르샤우에서 벨츠 박사가 실험을 했다고는 하나 실험도 그 결과도 부족했다. 과학이 발전할 수 있으려면 당연히 그래야 하듯이 이제부터는 실험 대상을 원숭이처럼 좀 더 큰 동물로 옮겨 가야 했다. 그러나 1933년과 1935년에 제정된 동물보호법을 이유로 더 이상 실험실에서 침팬지를 볼 수 없게 되었다.

영국과의 전투에 이어 소비에트 연방의 공격을 받자 저산소증과 저체온증 문제는 더욱 시급해졌다. 개똥지빠귀가 없으면 티티

새를 먹으면 된다.* 이는 고대의 노예근성에나 어울리는 비굴하게 순종적인 복고적 발언이지만, 힘러는 의사들에게 훨씬 더 나은 것을 제공하고자 했다. 원숭이가 없으면 과학자들은 죄수들로 실험하면 된다. 그는 다음과 같이 라셔에게 답신을 보냈다.

높은 고도 연구를 위해 기꺼이 죄수들을 당신의 처분에 맡기겠습니다.[2]

비행의 영웅들이 바다와 하늘에서 죽을 때 비행할 줄도 모르는 몇 사람은 지상에서, 가증스러운 실험을 하도록 라셔가 배당받은 불결한 수술실에서 죽었다.

라셔는 혼자 빨리 수술하는 것을 선호했다. 비밀주의 때문일지도 모르고, 실패할까 두려워서일지도 모른다. 그러나 그는 얼마 지나지 않아 강제수용소의 SS 의사인 동료에게 보조를 요청했고, 힘러가 방문하면서 그의 발견은 '특별한 진전'을 보이게 되었다.

나와 롬베르크 박사가 이끈 실험은 다음과 같은 점들을 보여 주었다. 낙하산 점프 실험으로 고도 12~13킬로미터의 산소 부족과 낮은 대기압은 사망의 원인이 아님이 증명되었다. 이런 형태의 극단

• 원하는 것이 없으니 가지고 있는 것에 만족해야 한다는 뜻이다.

적인 실험이 모두 15차례 계속되었고 실험 도중 매우 강렬한 경련과 의식 소실이 발생했지만 고도 7킬로미터에 도달하자 감각 기능이 완전히 정상으로 돌아왔다.

수술실 너머로 들리는 듯한 고통에 겨운 희생자들의 비명 소리도, 실험 대상자의 선택에 전적으로 결여된 엄격함도, 이에 수반하여 자연히 결여된 윤리 의식도 산소를 제거해 고도 12킬로미터의 한계를 넘으려는 박사를 막지 못했다. 희생자는 금세(10분 이내에) 의식을 잃었고, 숨이 완전히 멈추기 전에는 분당 3회에 이를 정도로 호흡이 느려졌다. 이 단계에서 강한 청색증이 나타났고 입에 거품이 일다가 고갈되었으며 심전도가 평평해졌다.

'상태가 양호한 37세의 유대인'이라는 라셔의 인종 차별적인 설명 외에 더 알려진 것이 없는 이 남자의 영혼은 '안식을 되찾았다'고 말하고 싶지만, 한 시간 뒤에 의사는 부검을 위해 도구들을 꺼냈고 해부용 메스를 날카롭게 갈았다. 전문적이긴 하지만 옹호해 줄 수 없는 보고서에 그는 자신이 부순 흉곽, 구멍이 난 심낭에서 흘러나오는 노르스름한 액체, 다시 뛰기 시작한 심장(반사에 의한 박동)에 대해 상세하게 기록했다. 의사는 뇌를 꺼내기 위해 두개골을 열었고 내부에는 강한 부종이 있었다. 심장은 8분가량 계속해서 뛰었다.

이 글을 읽는 사람이라면 누구나 이런 잔학행위에 할 말을 잃고 혐오와 분노를 넘어 노발대발할 터이나, 라셔 박사는 이렇게 결론을 맺었다.

해부학 표본은 나중에 검사하기 위해 보존했다. 바로 앞에 언급한 사례의 경우, 내가 알기로 인간에게서 관찰된 것은 이번이 처음이다. 이미 묘사한 심장의 움직임의 경우, 끝까지 심전도를 기록했다는 데 과학적인 유익이 있다.

실험은 계속되고 확장될 것이다. 새로운 결과를 얻게 되면 다른 보고서가 이어질 것이다.

실험은 정말로 계속되고 확장되었다. 힘러는 기뻐했다. 그가 '소생'이라고 여기는 것에 매우 놀라워하며 "인간을 되살리는 것이 가능한지를 밝힐 수 있는 방식으로 실험을 계속하도록" 요구했다. 이 위대한 주인은 이렇게 덧붙였다.

만약 이 실험이 성공한다면 사형수를 강제수용소에 가두는 종신형으로 감형하시오. 실험에 대해 계속 알려 주길 바랍니다. 당신에게 진심을 다하여. 히틀러 만세!

소생시키기 위해 필연적으로 사망을 야기하는 높은 고도 실험을 하면서 라셔 박사는 비행사는 물론 해군이나 동부 전선의 군인들이 겪는 또 다른 문제인 저체온증을 연구했다. 당시는 물론 1980년대 말에도 여전히 의문이었던 빠르게 체온 올리기(뜨거운 물에 담그기)와 느리게 체온 올리기(이를테면 인간의 체온으로)가 생존에 미치는 영향을 측정하는 것이었다.

과학적·역사적 관점에서 저체온증 연구는 확실히 수행할 만한 이유가 있다. 그렇다고 생체 실험이 정당화되진 않는다. 동료 의사인 자비에 비가르에게 설명을 요청했더니 그는 실용적인 의문에 대한 답은 과학적으로 제대로 된 조건에서 동물을 대상으로 한 이전 실험에서 얻을 수도 있었다고 답장을 보내 왔다(19세기 말, 추위 속 응급 행위에 대한 레프친스키의 작업을 말한다). 털이 없고(돼지 실험) 인간과 생리적으로 매우 가까운 대상에 실시한 이런 모든 실험들로 얻은 결과는 윤리적으로 용납할 수 없는 조건에서 얻은 결과와 완전히 동일했다. 다하우 인근의 히르샤우에서 동물을 사용한 저체온증 실험을 이끌었던 독일 전문가들은 이를 알고 있었다(전문가는 아니지만 자료를 참조했을 라셔 역시 어쩌면 알았을 것이다). 그러나 벨츠 박사의 그늘 아래에 있었던 히르샤우 센터가 생체 실험 사실을 감추었을 가능성도 있다.

물론 힘러는 약속을 지키지 않았고(사형수들이 코앞에 닥친 죽음보다 나치 수용소 종신형을 더 선호한다고 가정한다 해도) 저체온증과 관련된 실험들은 고도 실험보다 더 끔찍했다. 혈액이 변이되는 것을 피하기 위해 라셔는 희생자들에게 마취제를 투여하지 않는 정성을 기울였다. 그는 두 가지 형태의 실험을 이끌었는데 건조한 추위와 습한 추위에서였다. 처음에 라셔는 실험 대상자들을 거의 헐벗은 정도로 누더기만 입힌 채 밖으로 내보내 독일 겨울의 추위 속에 두는 것으로 만족했다. 신체가 얼기 시작할 때 지르는 피해자들의 비명소리가 너무 커서 라셔는 힘러에게 아우슈비츠 강제수용소 인근에 있는 빈 공터에서 실험을 하게 해달라고 요청했다.

습한 추위에 관한 실험은 얼음을 추가해서 수온이 2도로 유지되는 물을 가득 채운 가로, 세로 2미터 크기의 수조에서 진행했다. 구명조끼와 함께 비행복을 입은 상태 또는 벌거벗은 상태로 사람들을 수조에 집어넣었다. 라셔는 홀츠뢰너 교수의 보조를 받아 초시계를 쟀고, 입수를 중단하지 않고도 청진할 수 있게 충분히 긴 특수 청진기로 호흡과 심장 박동을 들었다. 가끔 사람들을 수조에서 꺼내 주로 직장을 통해 체온을 측정했다.

생존자들에게는 선택된 치료가 행해졌다. 그 상태 그대로 실험실 작업대에 놓거나 모포를 주거나 매춘부를 보내 주었다. 뒤이어 힘러와 라셔는 신체적 온기, 그러니까 생명의 마법을 믿었다. 이 고약한 사람들은 불운한 이들에게 섹스를 하라고 요구하며 그들을 즐겁게 바라보았고, 대부분은 그런 처치를 받은 뒤라 해내지 못했다! 작은 희비극적 사건이 발생했다. 한 매춘부는 아름다운데다 금발에 파란 눈이었다. 젊은 아리아 인종 아가씨를 수감자들의 먹잇감으로 주는 것에 분노한 라셔는 힘러에게 그녀를 실험에서 빼 달라고 했다.

뉘른베르크 최종 보고서에는 사망자가 13명이라고 적혔지만 피해자는 분명 더 많을 것이다. 이와 같은 상황에서조차 희망이 사라지지 않도록 슬프도록 감동적인 증언을 하는 생존자는 언제나 있기 마련이다. 헨드리크 베르나르트 놀은 1942년 8월 다하우에 수감될 때 스무 살 정도였다. 그는 고도와 추위, 두 실험의 피해자였다. 그는 해방 후 암스테르담 전쟁범죄 사무국에서 이렇게 증언했다.

어느 날 아침, 트럭에서 얼음 블록을 하역해 물이 담긴 수조에 넣으라는 명령을 받았습니다. 작업의 목적을 이해하지 못했지만 이후 분명해졌습니다. 그 일을 끝냈을 때 한 의사가 내 혈액 샘플을 채취해 갔습니다. 1943년 2월의 일입니다. 그날 저녁 9시, 옷을 벗으라는 명령을 받았습니다. 내게 구명조끼와 정체를 알 수 없는 여러 도구들도 주었습니다. 힘러는 직접 자기 개와 함께 이 준비 작업을 참관했습니다. 갑자기 발길질을 받고 나는 얼음물 속에 떨어졌습니다. 내가 정신을 차리는 동안 힘러는 내가 빨간색인지 녹색[3]인지 물어보았습니다. 내가 빨간색이라고 답하자 그는 이렇게 말했습니다. "자네가 녹색이었다면 석방될 기회를 줬을 거야."
나는 정신을 잃어서 얼마 동안 얼음물 속에 갇혀 있었는지, 내게 어떤 일이 일어났는지 몰랐습니다. 정신을 차렸을 때에는 다 벗은 두 여자와 함께 침대 위에 누워 있었습니다. 그녀들은 성행위를 유도하려고 애썼지만 성공하지 못했습니다.

완전히 정신을 차리자 나는 병원으로 옮겨졌고 사흘간 좋은 대우를 받은 뒤 다시 내 일로 돌아왔습니다. 얼마 지나지 않아 발가락에 염증이 생겨서 다시 병원으로 보내졌습니다. 다 낫고 나자 1943년 여름이 되었는데 그들은 나를 다시 불러 이번엔 비행사 옷을 입혔습니다. 그 위에 구명조끼를 입히고는 첫 실험 때와 동일한 의료 기기를 적용했습니다. 얼음이 가득한 수조로 나를 다시 던졌습니다. 정신을 잃었다가 차려 보니 따뜻한 물 속에 있었습니다. 내 가슴은 많이 부풀어 있었습니다. 나는 곧바로 수평으로 놓인 굉장히 뜨거운 상자 속에 넣어졌습니다. 그 상자 속에서 얼마나 갇혀 있었는지는 모릅니다. 그리고 사흘간 병상에 누웠다가 다시 내 일로 돌아왔습니다.

이토록 상세하고 비통한 증언에 어떤 말을 첨언할 것인가. 그럼에도 윤리적 문제의 핵심인 '그저 그는 도구에 불과했느냐'는 물음은 나중에 던져졌다. 사실 고도 실험과 달리 이 실험은 결과를 이용할 수 있도록 필요한 과학적 엄격성을 가지고 실시한 실험들이었다. 게다가 실험들이 윤리적이지 않을 경우 몰래 실행되는 데 반해 라셔의 실험들은 국가의 후원으로 실시되었다. 비록 실험실이 파괴되었다고는 해도 해방 당시 조사를 담당한 전문가 레오 알렉산더 앞에는 서류들로 뒷받침된 결과가 무더기로 있었다. 탁월한 알렉산더 박사는 다음과 같은 끔찍한 문장들로 보고서를 마무리했다.

우리는 라셔 박사가 비록 핏속에서 뒹굴고(실험 대상자가 살해된 직후 즉시 부검을 실시했다) 외설적이었다고 해도(실험 대상자를 추위에 죽게 하고, 체온 회복 방법이 상대적으로 효과가 없음을 밝히려고 나체의 여성들과 동침하게 하고, 성행위를 할 만큼 충분히 회복된 대상자의 직장 온도를 체크하려고 했다) 그가 추위로 인한 쇼크 상태의 치료 문제를 해결했다는 점은 인정해야 한다.

죽음으로 이끄는 과정, 인간의 체온이 몸을 따뜻하게 하는 최고의 해결책이란 것, 그때까지 사용되었던 에탄올이 효과가 없음을 밝힌 것, 모두 동물 실험으로 충분했다는 것을 다시 상기해 본다 해도 이 다하우에서 이루어진 실험의 결과들은 의문만큼이나 단서들을 제공해 주었다. 그렇다면 이렇게 상상해 보자. 당신은 무엇을 할 것인가? 몇몇 피해자들을 대상으로 실시한 실험 결과들의 이용 가능성이 점점 커질수록 당신은 어떻게 할 것인가? 이후에 몇몇 학자들의 재능을 가장 거대한 민주주의 국가(15장을 보라)에서 사용했음을 알게 된다면 당신은 어떻게 할 것인가?

지그문트 라셔로 말하자면, 힘러의 명령으로 1945년 봄 강제수용소 해방 전에 아내와 함께 투옥되었다. 친위대장 힘러는 이 사악한 부부가 하나도 아닌 여러 아기들을 자기 몰래 훔쳐 온 것을 좋아하지 않았다. 가끔은 인생 자체가 정의를 실현하기도 한다. 라셔와 그의 아내는 탈옥을 시도했다가 나치 친위대에게 죽임을 당했다.

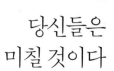

4장

당신들은
미칠 것이다

빌헬름 바이글뵉

| 빌헬름 바이글뵉Wilhelm Beiglböck(1905~1963) |

오스트리아 태생의 내과 전문의로 제2차 세계대전 동안 독일 공군에서 자문 의사로 있었다. 나치 돌격대와 친위대 멤버였으며 다하우 강제수용소에서 수감자들을 대상으로 바닷물에 관한 의학 실험을 했다. 전쟁 후에 뉘른베르크 의사 재판에 회부되어 반인륜적 범죄 행위로 15년형을 선고받았다. 그러나 그 후 감형되어 1952년부터 사망할 때까지 다시 의사로서 독일 북스테후데의 병원에서 일했다.

갈증은 견디기 어려운 상태가 되었고 환자는 눈을 반쯤 감은 채 움직임 없이 뻗어 있었다. (……) 전반적인 상태는 걱정스러웠고 호흡은 힘겨웠다. 눈가는 극도로 거무스레했다. 입의 점막과 입술은 말랐고 딱지로 뒤덮였다. (……) 환자는 등을 대고 누워 뒹굴었다. 강한 경련의 신호와 함께 신체가 뻣뻣해지는 전형적인 경련 역시 나타났다.[4]

임상적 서술이 몇 페이지나 된다. 수십 줄로 꼼꼼하고 철저하게 이 '환자들'의 증상을 적어 놓았다. 쓰고 적고 집계한 이 신중한 의사를 나는 감히 진정한 과학자라 불러 줄까 한다.

그는 실험을 반드시 끝까지 해야 했다. 의심이나 모호함 없이 결론을 내릴 수 있어야 했다. 힘러가 몸소 그에게 기대한 것은 바다에 떨어져 (어쩌면) 구조당하기 전 며칠을 바다에서 보낸 독일 공군 비행사들의 목숨을 구할 방법이었다. 비행기가 바다 한가운데에 추락하고 나서 갈증으로 사망한 사람들이 많았다. 힘러는 해결책을 찾기를 원했다. 해수를 식수로 만들거나, 그게 안 되면 적어도 신체가 흡수하지 못하는 해수를 섭취하는 인간의 저항력이라도 알아내야 했다.

두 사람이 각기 자신의 발견을 인정받으려고 격하게 싸웠다. 둘다 서로 찾아냈다고 생각했다. 그중 한 명은 화학 엔지니어 베르카인데 베르카티트(베르카의 물)를 만들었으니 그가 인정받을 것은 당연했다. 그는 해수의 고약한 맛을 제거하는 데 성공했다. 비행사들이 생존하려면 그가 만든 물을 마시면 되었다. 또 다른 한명인 셰퍼는 베르카를 돌팔이로 보았다. 베르카티트를 마시는 것은 분명 죽음에 이르는 길이었다. 셰퍼는 해수를 진짜 식수로 바꾸는 방법을 개발했다.

뉘른베르크 의사 재판 시 한 공술에서 일반의이자 공군 보건 책임자인 슈뢰더는 다음과 같이 문제를 요약했다.

1944년 5월, 셰퍼의 연구소에 갔습니다. 그곳에서 그는 그의 방법을 보여 주며 필터로 거른 물을 내게 마시라고 주었는데, 신선한물 그 자체였습니다. 그러나 이 방법은 1킬로그램의 물과 200그램의 짠 혼합물 및 복잡한 필터가 필요했습니다. 매우 가벼워야 할응급 장비에 이런 것들을 집어넣기는 힘들었습니다. 셰퍼는 이 방법을 개선하겠다고 약속했습니다.

양자택일은 복잡하지 않았다. 하나는 해수가 식수가 되어 신체에 위험이 전혀 없지만 비행 시 지참할 수 없는 기술이었고, 다른 하나는 말하자면 '미각적으로' 식수가 되고 설탕 조금과 가벼운 재료만 필요했지만 무해하다는 증거를 보여야만 했다.

관련 부서 간 세력 다툼이라는 맥락 속에서 빌헬름 바이글뵉에게 주어진 임무는 이 둘들 중에 어떤 것이 조난자를 구할 물인지 찾는 것이었다. 시간이 없었다. 그때는 1944년, 천 년간 지속되어야 할 제국이 언제부터인가 곤경에 빠진 때였으므로 인체 실험이 결정되었다.

1944년 봄, 베를린에서 자문을 받은 의학계의 최고 권위자들은 두 방법을 병행해서 테스트해야 한다는 데 모두 동의했다. 베를린 대학 의대생들에게 요청하는 가능성도 제기되었으나 그들은 각기 다른 곳으로 떠날 예정이었기 때문에 불가능했다. 군인 병원의 경우 수많은 부상자들로 넘쳐났다. 그러자 기술 부서가 강제수용소를 사용하자고 제안했다. 그곳은 범죄를 저지른 수감자들로 가득하므로, 말하자면 수감자들에게 사회에 속죄하는 기회를 줄 수 있다는 것이다.

행정 절차를 기다리며 바이글뵉은 한시도 낭비하지 않았다. 베를린에서 몇 주를 보내며 갈증 문제에 관한 의학 문헌들을 읽고 또 읽었다. 조난자가 위험 없이 소비할 수 있는 해수의 양에 관한 연구는 어디에서도 찾을 수 없었다. 그는 마시지 않으면 불리한 환경에서 사나흘은 견딜 수 있고, 이상적인 환경에서도 여드레부터 열나흘 이상은 견딜 수 없음을 알았다. 짠물을 마시면 과도한 소금을 신장이 제거해야만 하는데 이때 신장이 혹사하게 되므로 제거 시 한계에 금세 도달하게 된다.

소금이 물을 끌어당긴다는 것을 모든 의사들은 알고 있다. 소변에서 소금의 양이 늘어나면 인체에서 물을 배출하게 된다. 소변의 양이 점점 많아져서 탈수가 온다. 그러면 이번엔 탈수가 끔찍한 갈증을 낳는다. 그런데 조난자가 유일하게 마실 수 있는 물이란 바닷물뿐이다. 악순환이다. 내장에 소금이 잔존하므로 물이 유입되어 설사까지 추가된다. 인체가 섭취한 소금을 모두 제거할 수 없으니 잔류하는 물이 간 같은 기관으로 모여 그 기관이 붓게 된다.

이 모든 증상들은 1944년 봄에 이미 알려져 있었다. 우리는 물을 마시지 못할 때 인간이 겪는 고통을 안다. 이것이 생사가 걸린 위험이라는 것을 안다. 게다가 1944년 5월 19일 한 회의에서 베르카의 방법이 신랄하게 비판받았다. 의사들은 그 물을 마시면 누구든지 열이틀 내로 죽는다고 명확히 말했다. 베르카는 자신이 모든 해답을 가지고 있다고 고집을 부렸다. 그는 혼합물에 비타민 C를 첨가하면 신장이 소금을 없앨 수 있을 거라고 믿었다. 그는 그리 의학적이지 않은 용어로 자신이 만든 용액을 마시면 소금이 인체를 통과하면서 설탕과 소금의 복합물, 일종의 혼합 결정체가 형성될 거라고 생각했다.

다음 날 다른 회의에서 세계적으로 인정받은 유명한 독일 의사 한스 에핑거 교수는 자신과 가까운 협력자인 빌헬름 바이글뵉에게 실험의 책임을 맡겼다. 힘러는 몹시 기뻐하며 승인해 주었다. 첫 실험은 엿새를 넘기지 말아야 했다. 두 번째는 열이틀이었다……. 방법론은 간단하고 엄격했으며 과학적이었다. 몇몇은 바닷물을 마셨고, 또 다른 몇몇은 베르카의 방법으로 처리한 물을 마셨다. 세 번째 그룹은 셰퍼의 물을, 네 번째 그룹은 식수를 마셨다. 일부는 아예 물을 마시지 못했다.

지원자들은 부헨발트의 집시 수감자들이었다. 선발된 사람들은 뮌헨에서 폭격된 건물들의 잔해를 치우는 작업반에 합류하는 것으로 알았다. 하지만 뮌헨이 아니라 독일 대도시에서 몇 킬로미터 떨어진 다하우였다. 그들은 검사를 받고 X선 촬영을 하고 나서야 의학 실험에 참여한다는 것을 알았다. 독일 공군 의사가 40여 명의 집시들에게 이렇게 말했다. "여러분은 해수에 관한 실험을 위해 선발되었다. 지금까지 보지 못한 훌륭한 식사를 제공받고 금식을 한 후 해수를 마시게 될 것이다. 목마름이 정확히 무엇인지 아는가? 당신들은 미칠 것이고 사막에 있다고 믿게 될 것이며 바닥의 모래를 핥으려고 할 것이다." 의사의 말은 틀리지 않았다. 며칠 만에 실험 대상자들은 고통에 몸을 비틀며 간청했다. 증언들은 끔찍했다. 혹자는 개 짖는 소리*같았다고 했다. 바이글뵈은 관찰하고 적었다. 뉘른베르크 재판에서 바이글뵈은 어떤 질문에 대한 대답으로 이렇게 단언했다.

나는 실험 대상자들에게 어떠한 일도 일어나지 않을 것이라고 보장할 수 있었습니다. 며칠 동안 갈증만 겪게 될 거라고요. 하지만 정확히 얼마 동안인지는 말해 줄 수 없었고, 내가 책임질 수 있는 기간보다 더 긴 시간 동안 갈증을 겪지는 않을 거라고 덧붙였습니다. 나는 만약 그들이 견뎌 낼 수 없다면 내게 말을 해야 한다고 했고, 그러면 그 문제를 고려할 것이라고 말했습니다.

'그 문제'는 고려되지 않았다. 해수나 베르카의 방법으로 처리한 물을 마신 실험 대상자들은 다하우의 14번 블록에 갇혀 갈증과 고통을 호소했고 경련과 정신착란을 일으켰다. 장기의 변화를 관찰하기 위해 간 천자술穿刺術도 받았다.

강제수용된 간호사가 바닥을 청소한 뒤 걸레를 잊고 두고 갔다. 사람들은 걸레의 썩은 물을 흡입하기 위해 서로 달려들었다. 이들이 실험을 왜곡시킨다는 것을 바이글뵈은 알아차렸다. 매우 화가

---

* 듣기 싫은 고함이나 요란한 소리를 의미한다. 그만큼 실험 대상자들의 비명 소리와 간청이 끔찍한 소리로 들렸다는 뜻이다.

난 그는 이들에게 벌을 주었다. 물을 마신 수감자 2명을 침대에 묶어 두었다.

뉘른베르크 재판 때 생존자들의 증언을 통해 실험 대상자 2명의 사망 사실, 그리고 특히 바이글뵉의 인격과 행동에 대한 의혹이 일어났다. 혹자는 그의 인간미를 옹호했고, 또 다른 혹자는 그를 사형집행인처럼 묘사했다. 1947년 6월 27일, 전 실험 대상자로서 증인으로 출두한 홀렌라이너는 피고인석으로 뛰어들어 바이글뵉을 치려고 했다. 3개월 징역형을 선고받은 그는 이렇게 설명했다. "나는 매우 흥분했다. 이 남자는 살인자다. 그는 내 건강을 해쳤다." 한 달 뒤 그는 다시 증인으로 소환되어 이렇게 증언했다.

나는 가장 형편없는 노란 해수를 마셨습니다. 우리는 갈증과 배고픔에 미쳐 갔지만 의사는 우리를 동정하지 않았고 얼음처럼 냉정하게 대했습니다. (……) 한 집시가 물을 마시기를 거부하자 길이가 대략 50센티미터나 되는 음식물 주입관을 입에 집어넣고 물을 쏟아부었습니다.

바이글뵉은 최대한 덜 나쁜 환경에서 실험이 이루어지도록 최선을 다했다고 주장하며 자신을 변호했다. 하지만 기록된 증상에서 드러난 지원자들의 고통이 법정에 영향을 주는 것을 모면하고자 법정이 점유한 노트를 위조했음을 인정했다. 얼굴에 칼자국이 있고 전문가들이 "진보적이지만 야만적인 퇴행적 소환*에 굴복하는 성격"이라고 묘사한 그는 자신이 지휘한 실험들이 맥락 안에서 필수 불가결했으며 조직이 내린 명령을 거절할 수 없었음을 증명하려고 최선을 다했다. 재판이 벌어지기 전에 자료들을 삭제하고 노트를 첨가하며 위조한 사실은 결국 그를 파멸로 이끌었다. 바이글뵉은 학술적으로 자신의 실험이 결정적이지 못했다면 특히나 그것은 실험 대상자들이 '속였기' 때문이며, 그들이 속이지 않았다면 실용적인 결과들을 여럿 도출할 수 있었을 거라고 설명했다.

적은 양의 해수는 갈증보다 낫지만 많은 양의 해수는 위험하다. 오랫동안 해수를 마신 사람에게는 칼슘을 처방하는 것이 권장된다. 베르카와 셰퍼의 딜레마는 오래전부터 알고 있는 것들을 확인시켜 주었다. 또 베르카의 물은 쓸모없으며 셰퍼의 방법으로 식수를 얻을 수 있다는 것을 알게 해주었다. 재판석에 선 앤드류 아이비 교수는 셰퍼의 방법이 미군에서 사용하는 방법과 동일하다고 확인해 주었다.

법정은 결론에서 "의사는 군인이거나 전시라고 해도 상부를 바람막이 삼아서는 안 된다"고 상기시켰다.

사전에 확고한 살해 의도가 없었다고 가정한다 해도 다른 실험들처

---

* 퇴행적으로 행동하도록 부르는 것을 말한다.

럼 사망자가 있었다는 점은 변함이 없다. (……) 진정한 독일인 지원자, 학생, 군인에게는 하기 싫은 실험들을 그것을 피할 수 없는 죄수들에게 시행한 것이다. 힘러와 그의 의사들을 고무시킨 이 실험 악마는 나치 정신의 바람이 불지 않은 공군 의료계 상층부를 장악했고, 결국 그들은 악마와 계약을 맺었다.

바이글뵉은 고작 징역 15년을 선고받았고 겨우 절반만 형을 살았다. 1952년부터 1963년 사망할 때까지 그는 북스테후데 병원에서 의과장으로 일했다.

5장

계속 시도하면
뭔가가
나올 것이다

하인리히 힘러

| 하인리히 힘러Heinrich Himmler(1900~1945) |

중산층 교육자 집안에서 태어나 뮌헨 기술대학에서 농학을 공부했다. 쿠데타에 실패해 수감되었다가 석방된 히틀러에게 감동의 편지를 보내 그와 인연을 맺었다. 나치당 당원이 된 후 특유의 복종하는 태도로 히틀러 곁에서 2인자의 자리를 지켰다. 신비주의와 나치 이데올로기를 광적으로 믿는 홀로코스트의 최고 책임자로서 SS로 약칭되는 나치 친위대와 게슈타포를 이끌었다. 독일 내 40여 개 강제수용소의 시초이자 유대인 학살의 상징인 다하우 수용소를 설립했다. 종전 후 연합군의 수배를 받고 체포되자 청산가리 캡슐을 씹고 자살했다.

힘러는 의사가 아니었지만 그의 침대 머리맡에는 히포크라테스의 저서들이 놓여 있었다. '세기의 살인마'(제2차 세계대전 말에 힘러에게 붙은 별명) 머리맡에서 의학의 아버지는 무엇을 했을까?

그 책들은 첫 번째 아내인 마르가레테 보덴이 선물한 것이었다. 힘러보다 연상이었던 간호사 아내는 보잘것없는 농학 기술자였던 그를 당시 유행하던 잡다한 유사요법, 자기감지, 동물 자기설, 귀리 목욕과 약초학 등으로 이끌었다. 내가 딱히 반대하진 않지만 효과를 확신하지도 않는 이런 대안 치료법들이 발트루데링에서 닭을 기르던 사람을 대량 학살자로 바꿀 수 있는지는 전혀 생각해 보지 않았다. 그렇다. 인종 강화를 위한 제국의 밀사, 경찰과 SS의 최고 사령관이 되기 이전에, 그러니까 결국 힘러가 되기 이전에 하인리히 힘러는 뮌헨 기술대학에서 간신히 막 학위를 받은 농학 기술자로 대자연으로의 회귀와 땅을 일구는 미덕을 믿었고 도살장으로 보내질 운명인 동물들을 사랑했다.

1935년 설립된 연구기관으로 거의 독점적으로 SS가, 더 정확히 말하면 힘러 자신이 조종했던 아흐네네르베*에서 그가 지휘한 과학적 연구 작업들을 살펴보면 그는 많은 것들을 믿었다. 우중愚衆과 달리 아리안 인종은 원숭이의 자손이 아니라(다윈주의를 인정하지 않는 사람들을 언제나 경계해야 한다) 아틀란티스의 자손 또는 하늘에서 온 자손이라 믿었다.** 또 기후학과 만년설을 빙자하여(힘러의 또 다른 과학적 기벽이었다) 게르만 족과 원시 문명의 모든 증거들을 본국으로 거두어들인다며 고고학 사절들을 전 세계의 명소로 파견했다.

프랑스의 몽세귀르로 성배를 찾는 탐험대가 떠났다. 힘러는 직접 생명의 샘의 근원을 추적했다. 프랑코 장군파 고관들이 기다리는 바르셀로나로 떠났다가, 수도원에 모신 아름다운 검은 성모 마리아 상에 분명 당황했을 힘러는 곧 베를린으로 돌아갔다.*** 이탈리아에서 힘러는 동맹국 이탈리아가 결국은 게르만 족의 사촌임을 증명하는 동시에, 유대 문명의 타락한 화신이자 역시나 위험한

-   '선조의 유산'이란 뜻이다.
- ••   다른 인종들처럼 원숭이에서 진화된 것이 아니라 하늘에서 온 사람들 또는 사라진 선진 문명인 아틀란티스 문명의 후예들이라고 믿었다.
- •••   바르셀로나에서 한 시간 거리에 있는 몬세라트 수도원에는 기적을 행한다는 검은 성모 마리아 상이 있다.

성경 대신 새로운 성경이 되길 바랐던 타키투스의 《게르마니아》를 손에 넣었다. 티벳에서는 아틀란티스가 무너진 뒤 몇몇 아리아인들이 그곳으로 도피했음을 증명하려 했다.

핀란드의 카리알라로 현지 주술사들의 이야기를 녹음하러 민족음악학자들이 떠나기도 했다. 이는 그들의 요술에 의지해 메서슈미트*도 아니고 미사일 V2의 시제품도 아닌, 궁극의 무기인 토르의 망치를 재현하기 위함이었다! 이 모든 것들은 오페라 '바그너 로엔그린'의 배경 속에서** 일종의 SS 전설과 함께 그리스, 게르만 전설과 섞인 믿음의 혼돈에 사용되었다.

힘러는 SS를 위해 방탕한 놀이를 끝마치고 기진맥진해하는 참가자들에게 생명의 촛대를 수여하는 짝짓기 대축제나, 아리아 인종 아기가 태어날 때마다 대부(보통은 힘러 자신이었다)가 생명의 리본을 선물로 주는 이교도적인 의식까지 조직했다. 천 년을 갈 것이라는 제3제국이 도래해 황폐화된 땅에 다시 사람을 거주시킬 필요가 있었기 때문에 일부다처제를 허용했다. 자신에게 불만인 청소년들을 위한 이 초인주의는 분노의 급류를 위한 이데아를 소량 담고 있고, 어찌나 단순하고 이용당하기 쉬운지 등골이 오싹할 정도다.

- 독일 전투기.
- 히틀러는 바그너 음악을 숭배했고 집회 때마다 마이스터징거 서곡 연주로 시작했다.

이렇게 보면 어떨까? 형들에게 주눅 들고 근시였던(근시가 너무 심해서 안경을 벗을 수가 없었고 1945년 도주했을 때 그가 발각되게 해줄 정도였다) 소년은 1914년 참전하길 원했으나 나이와 근시 때문에 전투가 끝나고 나서야 전선에 도착했다. 부친은 지식인이었지만 (바이에른 주 황태자인 하인리히 폰 비텔스바흐의 교사였다) 그는 형편 없는 학생이어서 의사가 되고 싶었으나 겨우 조교 연수만 받았을 뿐이다. 게다가 여성과의 관계는 거의 없었다(그는 내성적이었다).

실패를 거듭해도 끈기는 있었다. 그에게 남은 것이라곤 독서뿐 이어서 다독을 하면서 더 나은 세상의 가능성에만 매달렸다. 그것 은 지배자들의 세계, 총통을 특별 경호하기 위해 그가 선발한 파 란 눈과 금발 장신들의 세계였다. 북유럽 외모에 대한 그의 집착 은 첫 아내인 마르가레테, 아킬레스, 오레스테스 등 언제나 금발 영웅이 등장하는 고대 그리스의 사랑에서 온 것으로 보인다.

힘러는 레벤스보른(나치의 탁아소)을 이용해 복제된 엘리트 미 남 분대를 창설하려고 '그리스 인의 코'에 관한 연구를 요청했다 고 한다. 확실한 것은 그의 외모가 모델처럼 보이진 않았다는 것 이다. 아리안 족 고유의 성격에 대한 법칙은 가끔 모호하다. 아틸 라, 칭기즈 칸, 스탈린은 슬라브 족이나 그 아래 하급 민족들처럼 멸망시켜야 하는 '일급 뱀파이어'에서 '잃어버린 게르만 족 유전 자의 소유자'로 승격되었다.

의학에 집착한 힘러는 과학의 수호자이자 예언자로 자처하면서 문제가 있는 행위여도 과학자들에게 전권을 주었다. 1943년 8월 무솔리니가 납치되자 힘러는 영매 파티를 열고 손금쟁이와 주술사, 점쟁이를 불러 그와 텔레파시를 시도했으나 실패했다. 그러나 힘러는 승산이 있다고 보고 강제수용소에까지 다음과 같은 공고문[5]을 게재했다.

나치 친위대장과 독일 경찰청장은 제국의 안전을 위한 신뢰와 중요한 임무를 위해 신비술, 손금, 자기감지 전문가들이 필요하다. 이 분야에 지식이 있는 모든 사람들은 전문가든 아마추어든 막사 대장에게 알리길 바란다. 진심으로 참여하고자 하는 의지를 보여 준다면 더 나은 식사를 제공할 것이며 석방까지도 고려할 것이다.

작센하우젠 수용소에는 온갖 종류의 재능을 가진 사람들로 가득했고, 적어도 200명이 힘러의 부름에 응했다. 그들 중 엄선된 몇 명이 주요 인물과 의사소통을 하는 임무를 띠고 반제로 갔다. 그중 한 명이었던 르 무앵 신부와의 대화다.

"나는 우선 그 주요 인물이 괴링이고, 그가 반독 유격대에게 잡혔을까 염려하는 것이라고 생각했습니다. 페르바이엔에게도 같은 질문을 했습니다. 나보다 아는 게 많았던 그는 우리가 찾아내야 하는 인물이 무솔리니이고 감금 장소가 어디인지 알아내려 한다는 것을 즉시 깨달았습니다. 그가 수상의 이름을 발음하는 것을 들었습니다. 탁자 위에 커다란 이탈리아 지도가 펼쳐져 있었고 진자를 이동시켜 보니 엘바 섬에 멈추었습니다. 나는 나폴레옹을 생각했고 힘러가 강한 관심을 보였습니다."

"힘러가요?"

"네. 그는 참모 장교들과 함께 그곳에 있었습니다. 그런데 그들을 관찰해 보니 진자의 멈춤에 그리 열광하지 않는 것 같았습니다. 내가 진자를 사르데냐 쪽으로 이동시키자 그들의 얼굴이 밝아졌습니다. 나는 몹시 흥분했지만 수상이 사르데냐에 있는지, 배를 탔는지 알 수가 없었습니다. 진자가 지중해 대부분을 포함하는 지역 위에서 커다란 8자와 나선을 그리기 시작했습니다. 8자 중 하나가 마달레나 섬 위를 지나갔습니다. 힘러는 깜짝 놀랐습니다. 나는 거기서 멈추었습니다. 나는 그들에게 정보가 있지만 충분치는 않다는 것을 깨달았습니다. 힘러는 수용소 부관에게 '파리에서 온 신부에게 시가 3개를 줘라'라고 말했습니다."

며칠 뒤 수상이 발견되었지만 사르데냐와는 거리가 먼 아펜니노 산맥의 정상 그란사소 산지에서였다. 그를 구출한 것은 배도 아니고 진자의 도움도 아니었다. 글라이더 비행사 슈코르체니의 뛰어난 기교 덕분이었다. 나머지는 당혹스럽게도 정확했던, 뭐랄까 예언이었다.

이 애매한 이론에 웃음이 나오지만 대단하거나 그저 그런 할리우드 제작사의 시나리오에 사용된 것 같다는 느낌을 받았다면 맞는 말이다. 스티븐 스필버그의 〈인디아나 존스〉 3부작이 영감을 얻은 아흐네네르베 고고학 기관의 임무가 그렇다. 그래도 이 영화는 1927년 정신병원에서 풀려나 힘러가 게르만 민족의 선사학 연구의 지도자로 앉힌 카를 마리아 빌리구트라는 인물까지 감히 등장시키진 않았다. 1935년에 그는 힘러의 특별 참모로 빛나는 경력을 끝마치게 된다. 현실이란 가끔 픽션의 양분이 되기에도 매우 해괴하다.

거의 실소가 나오는 이 모든 이론들은 당시 '진짜' 과학자들의 수많은 지지를 받았고, 그 결과 피해자들에게는 고통과 죽음을 가져왔다. 불행히도 아흐네네르베의 구성이 이를 증언해 준다. 아흐네네르베에 보고하기 위해 브루노 베거는 티벳으로 가서 입가에 미소를 띠고 아틀란티스 인들이 살았다는 고원의 인구를 조사했다. 역사학자 헤르만 비르트가 창설한 이 기관은 1937년부터 뮌헨 대학 총장인 발터 뷔스트가 이끌었다. 그의 인물됨과 과학적 아우라는 주로 역사학, 언어학, 고고학, 의학 등 여러 분야의 학자들을 기관으로 끌어들였다. 라셔의 실험 대상자들의 고통과 바이글뵉의 해수 실험, 그리고 스트라스부르 해부학 연구소에 해골들을 공급해 준 100여 명의 나츠바일러 수감자 살해 사건은 모두 아흐네네르베 탓이다.

후에 이곳의 멤버들은 전선의 대량 학살에 참여하기 싫어서 기관에 가입한 것이라고 해명했다. 그들은 증거 불충분에 의한 무죄 추정의 특전으로 무죄를 선고받고 양심이라는 유일한 심판만을 받은 채 대학 강단으로 되돌아갔다. 총서기였던 볼프람 지버스만이 뉘른베르크 재판에서 가장 화제에 올랐던 증언으로 사형 선고를 받았다. 증오에 가득 찬 지버스는 공판장에서 히르트 교수의 해골 컬렉션에 포함시키려고 자신이 나츠바일러 슈트루트호프 강제수용소에 100명이 넘는 유대인 수감자들의 살해를 요청했다고 밝혔다.

뉘른베르크에 있지 않았던 힘러는 도주할 시간이 있었다. 그는 1945년 5월 뤼네부르크에서 영국군에게 체포되었다. 그의 양심 때문인지, 아니면 상부의 지시 때문인지 그는 몸에 독극물 캡슐을 지니고 있었다. 부대 선임 하사관 에드윈 오스틴은 1945년 5월 23일 나치 친위대장을 만난 일을 증언했다.

힘러인지 몰랐고 중요한 포로라는 것만 알았습니다. 그는 우리 모두가 아는 품위 있는 사람으로서가 아니라 군복 셔츠에 긴 사각 팬티를 입고 몸에 모포를 두른 상태로 들어왔습니다. 나는 곧 그를 알아보았습니다. 그에게 독일어로 빈 소파를 가리키며 이렇게 말했습니다. "이게 당신 침대니까 옷을 벗으시오." 그는 나를 쳐다보고 통역사를 보더니 내게 말했습니다. "내가 누군지 모르나 보군!"

나는 말했습니다. "아니, 알고 있소. 당신은 힘러지요. 이건 당신 침대니까 옷을 벗으시오." 그는 나를 뚫어지게 쳐다보았지만 내가 지지 않고 쳐다보자 결국 눈을 내리깔며 침대에 앉아 팬티를 벗기 시작했습니다.

의사와 대령이 들어와 몸에 감추었다고 의심되는 독약을 찾았습니다. 의사는 그의 발가락 사이와 몸 전체, 겨드랑이, 귓속, 귓등, 머리카락 속을 살펴보았고 입속을 들여다보기에 이르렀습니다. 그가 힘러에게 입을 열라고 요구하자 그는 복종했고 혀를 꽤 쉽게 뒤적거리게 해주었습니다. 그러나 만족하지 못한 의사가 불빛 가까이 오도록 요구하자 그는 가까이 와서 입을 벌렸습니다. 의사는 더 잘 살펴보기 위해 두 손가락을 입에 집어넣으려고 했습니다. 그러자 힘러는 단번에 머리를 빼더니 의사의 손가락을 물고 입안에 몇 시간이나 넣어 두었던 독극물 캡슐을 깨물었습니다. 의사는 "그가 깨물고는 죽었다"고 말했습니다. 우리는 그를 모포로 덮고 거기 두었습니다.

개인 비서에 따르면 힘러는 모든 분야에서 새로운 방법을 끊임없이 시도해 보고자 한 실험광이라고 했다. 1944년 7월 히틀러 암살 시도가 일어나자 힘러의 명령으로 진실을 고백하는 그 유명한 약을 얻어낼 목표로 환각제 LSD나 메스칼린에 관한 실험이 이루어졌다. 다하우에서 수감자 8명을 선별해 메스칼린을 추출하는 멕시코산 선인장 페이요트 peyote 실험이 실행되었다.

"계속 시도하면 뭔가가 나올 것이다." 이는 히포크라테스의 사이비 신봉자였던 힘러가 언제나 더 끔찍한 실험을 제안했던 의사들에게 습관적으로 했다는 대답이다. 이 말 대신 앙브루아즈 파레*의 말을 기억해 보자. "병을 치유하는 것은 가끔 있는 일이고 고통을 진정시키는 것은 자주 있는 일이지만 환자를 위로하는 것은 언제나 해야 하는 일이다."

•• '근대 외과학의 아버지'라 불리는 프랑스 의사.

6장

마우트하우젠의
도살자

아리베르트 하임

| **아리베르트 하임**Aribert Heim(1914~1992) |

오스트리아 태생으로 빈에서 의학 박사학위를 받았다. 오스트리아가 독일에 합병된 뒤 나치 친위대에 들어갔으며 그 후 무장 친위대에 자원했다. 1941년 유럽에서 가장 큰 노동수용소인 오스트리아의 마우트하우젠 강제수용소에서 일하면서 금세 '죽음의 박사'로 불리게 되었다. 사람의 심장에 휘발유나 독을 직접 주사하거나 마취도 하지 않고 장기를 적출하는 등 반인륜적 인체 실험을 행했기 때문이다. 전쟁이 끝나고도 평범한 생활을 유지하며 살다가 1962년이 되어서야 해외로 도피했다. 이집트 카이로에서 병사했으며 체포되지 않은 나치 전범 중 한 사람이다.

1914년 6월 28일 라트케르스부르크에서 독일인 부모에게서 출생. 서민 학교에 다녔으며 그라츠 고등학교에서 대학입학자격시험에 합격. 1931년부터 빈 대학에서 수학하며 라틴어 문과대학에서 라틴어 수료. 1933년부터 의학 공부 시작. 저녁에 과외를 하면서 학비 마련. 1937년 로스톡에서 공부하고 대학병원에서 임상 시작. 1940년 1월 국가시험에 합격, 빈에서 의학 공부를 마친 것을 계기로 승진. 이를 기회로 턱뼈 외과학 강의에 참여했고 1940년 4월 17일 군 복무를 마친 뒤 무장 친위대에 입당. 1940년 6월 말까지 뮌헨에서 독일 친위대 연수가 끝나고 다음 장소들에서 부대 의사 직책을 맡음. 프라하 보건의, 베를린과 친위대 북부 사단 응급의사, 러시아와 핀란드, 노르웨이와 프랑스에서 보건의…….[6]

이 모범적인 이력서에 아리베르트 하임은 적십자 회원과 아이스하키 프로 선수, 부헨발트와 작센하우젠과 마우트하우젠 강제수용소의 의사 경력을 추가할 수도 있었다. 그런데 이 건장하고 육중한(키가 190센티미터가 넘었다) 남자는 강제수용소에서 보여 준 충직하고 유능한 섬김에 대해 말하는 걸 수줍어했다. 그가 한 행위의 더러운 진실이 알려지기까지는 몇 년을 기다려야 했다.

천천히, 그리고 잔혹하게, 인내와 우연에 의해 진실이 밝혀졌다. 강제수용소 의무실 의사로서 하임의 경력은 짧았지만 섬광처럼 매우 강렬했다. 마우트하우젠 강제수용소 '환자들'이 그를 '도살자'로 부르기까지는 몇 주밖에 걸리지 않았다. 마우트하우젠은 독일 치하 유럽에서 가장 큰 노동수용소로 모든 종류의 전염병과 질병이 넘쳐났다. 의사들은 약간의 질서를 잡기 위해, 그러니까 수감자들의 죽음을 앞당기기 위해 존재했다. 그렇게 젊은 하임 박사는 본성을 드러내며 토드* 박사로 변신했다. 그의 또 다른 별명은 '마우트하우젠의 도살자'였다.

첫 별명은 환자를 최대한 빨리 제거하기 위해 독이나 휘발유가 든 치명적인 주사를 기록적인 시간 안에 심장에 주입하는, 비길 데 없는 그의 능수능란함에서 기인한 것이었다. 뛰어난 육상 선수였던 그는 자신이 특히나 좋아했던 연쇄살인 분야에서 신기록을 갱신하는지 확인하기 위해 초시계를 쟀다. 수감자들은 몸이 아파

---

* Tod는 독일어로 죽음, 사신을 뜻한다.

서 하임 박사의 주사나 메스와 마주하게 될까 봐 두려워 떨었다.

다른 의사들, 라셔와 클라우베르크 역시 역겨운 인물이지만 적어도 남들보다 우월한 인간이라고 하는 독일인들의 생명을 구하려고 실험을 했다. 하임 박사는 그저 죽이고만 싶었고, 손에 초시계를 쥐고 죽음이 생명을 삼키는 데 얼마나 걸리는지 보았다. 대학에서 (치료에 들어가기에 앞서 의사 수업의 한 방법에 불과한) 해부를 좋아했던 것처럼 그는 자신의 사디즘을 감출 알리바이에 불과한 연구의 실마리들을 꾸며 냈다. 이 잔인한 위인은 간 없이, 신장 없이, 심장 없이 얼마나 살 수 있는가 하는 종류의 질문에 관심을 가졌다.

토드 박사는 메스를 들어야 할 때에만 초시계를 내려놓았다. 피해자들은 살아 있었을 뿐만 아니라 의식이 깨어 있을 때도 있었지만 '도살자'는 마취를 할 이유를 찾지 못했다. 그것 역시 어디까지 고통을 견딜 수 있는지 알아보는 좋은 방법이라고 여겼다. 그토록 생체 해부 실습을 좋아했던 학생은 턱뼈 수술 수업 역시 잊지 않았다. 그는 수감자들의 치열 상태를 살펴보려고 입안을 보는 것을 잊지 않았고 그가 배운 것을 아끼지 않고 사용했다. 왜일까? 맥락 속에서 찾아낸 답은 믿을 수 없을 정도로 비인간적이다. 검사를 한 끝에 치열이 완벽한 것으로 판명나면 피해자를 주사기로 죽였다. 그러고는 피해자의 목을 잘라 그 머리를 화장터에서 살점이 사라질 때까지 '익혔다.' 마침내 두개골이 준비되면 자신이나 친구들의 사무실에 장식으로 썼다. 분명 부헨발트 동료들에게 배운 기술일 터였다(14장을 보라).

치열이 덜 건강한 다른 수감자들 역시 잊지 않았다. 그는 환자에게 가족력을 자세히 물어보았다. 그 질문은 의학적인 것이어야 자연스러울 텐데, 재정적인 것이었다. 사실 피해자들이 남긴 것 외에도 그가 상당한 사례금을 받았을 가능성이 있으나 사실 확인이 된 것은 아니다. 어쨌든 구강 검사가 끝나면 수술이 전혀 필요 없는 건강한 사람들에게 가벼운 수술이라며 갖은 방법으로 설득했고, 회복되면 석방시켜 준다는 약속과 함께 수술을 했다. 하임이 약속을 지키는 사람인지 질문을 던진 사람은 없다. 위장, 간, 심장에 그가 실시한 복잡한 수술이 죽음을 낳았음은 의심할 여지가 없다.

그렇게 난자당하고 살아남은 사람은 없지만 강제수용소에서 살아남은 사람의 증언은 있다. 카포^{kapo}• 였던 카를 카우프만은 하임의 명령 하에 있었다. 그가 회상해 낸 사실들은 너무도 끔찍하기에 그에게 직접 들어 보는 게 나을 것이다.

당시 마우트하우젠에 도착하는 수송차량이 많았는데 그중에 유대인들과 다른 국적을 지닌 사람들이 많았어요. 하임 박사가 강제수용소 의사였습니다. 그가 주로 하는 일들은 노동을 하지 못하게 된

•　강제수용소에서 동료 포로를 감독한 사람.

사람들 26~30명을 일주일에 서너 번 정도 야전병원으로 불러 휘발유를 심장이나 혈관에 주사해 죽이는 것이었어요. (……)

수감자들 수는 많았고, 자신의 마지막을 눈치 챈 사람들은 반항하며 저항했지만, 지금은 사망한 더 나이 많은 수감자들에 의해 강제로 수술실에 끌려왔습니다. 그리고 하임 박사가 차례대로 부를 때까지 작은 방에 갇혀 있었습니다. 그 불쌍한 유대인 동료들은 모두들 살아서 그 방을 나올 수 없다는 걸 알았습니다. 박사의 가장 가까운 협력자는 빈에서 온 프란츠 콜리츠라는 수감자로, 마우트하우젠 강제수용소에 범죄자로 수감되어 있었어요. 콜리츠 역시 상황이 뒤집히는 순간이 오자 다른 수감자들과 함께 제거되었습니다.

날짜는 기억나지 않습니다만 어느 일요일이었어요. 유대인 30명을 차례대로 처형할 예정이었는데 서른에서 서른다섯 살로 짐작되는 네덜란드 유대인이 일곱 번째였습니다. 야전병원에서 팔짱을 낀 채 수술 도구들 옆에 있던 하임 박사는 내게 다음과 같은 지시를 내렸습니다. "오버마허Obermacher*, 지금까지 내가 6명을 제거했으니 이제 자네가 해보게." 나는 절대로 그런 일을 할 수 없다고, 나는 수감자이므로 내게 그렇게 하도록 강요할 수 없다고 말했습니다. 하임 박사는 가위를 내 등에 꽂으면 어떻게 할 거냐고 물었습니다. 그래도 나는 할 수 없다고 대답하며 수감자에게 그런 일

•   상급 관리인.

을 강요할 수 없다는 사무국 지도자 폴 박사의 명령이 있었다고 설명했습니다. 그러는 동안 해당 유대인은 수술대 위에 누워 있었습니다. 하임 박사는 그에게 다가가 목덜미를 잡고 수술대에서 내려오게 한 뒤 벽에 걸려 있던 거울 앞으로 그를 데려갔습니다. "네 낯짝을 봐라. 총통께서 필요로 하신다고 생각하나?" 그러고는 수술대 위로 가라고 명령했습니다. 그 수감자는 "어서 하세요. 대량 학살자"라고 말하면서 누웠습니다. 창백해진 하임 박사는 그 유대인에게 달려들어 가슴과 얼굴을 주먹으로 때렸습니다. 그리고 죽음의 주사를 놓았습니다.

어느 일요일에는 마우트하우젠의 수감자인데 왼쪽 다리 피부에 염증이 생긴 프라하에서 온 체코 유대인을 야전병원으로 데려갔습니다. 하임 박사는 염증을 수술하겠다고 말했습니다. 그 수감자는 옷을 벗고 수술대 위에 누워야 했습니다. 하임 박사는 완전히 제정신인 상태에서 그의 배를 위에서 아래까지 절개했습니다. 수감자는 끔찍한 고통 속에서 금세 사망했습니다. 하임 박사가 내장의 일부와 간, 비장을 들어냈기 때문입니다. 하임 박사가 그에게 왜 그렇게 했는지 궁금했지만 우리 가운데 누구도 알지 못했습니다. 어쨌든 하임 박사는 웃는 얼굴로 수술을 실시했습니다.

한번은 오후에 하임 박사와 내가 있는 수술실로 늙은 유대인 수감자가 왔습니다. 일흔의 남자는 대략 이렇게 말했습니다. "상급 돌격중대 지휘관 님, 수술을 좋아하시지요? 보십시오. 난 노인입니다. 여생이 얼마 남지 않았어요. 나를 수술하십시오. 나는 큰 탈장이 있습니다. 나는 며칠 내로 내가 죽을 것을 알고 있어요." 하임 박사는 바로 동의하고 수술했지만 탈장 수술이 아니었습니다. 그는 간과 비장을 관찰하기 위해 복강 내부를 다 헤집었고 복부와 횡격막을 연 뒤 다시 봉합했습니다. 여하튼 죽어서 수술실을 나갔으므로 불쌍한 수감자의 소원은 이루어졌습니다.

하임 박사가 실험과 휘발유 주사로 수감자들을 얼마나 죽였는지 나는 몰라서 말할 수가 없습니다……. 어쨌거나 예외는 절대로 없었습니다. 유대인이라면 나이 구분 없이 모두 제거했고, 다른 국적을 가진 사람도 마찬가지였지만 쇠약하거나 노동을 할 수 없을 때에만 제거했습니다.

1941년 10월부터 11월까지 끔찍했던 몇 주 동안 240명이나 되는 사람들이 수술을 받았다. 마우트하우젠의 사망자 명부에는 그들의 이름이 적혀 있다. 일부 누락되기도 했는데 증언에 따르면 그건 토드 박사가 부주의해서가 아니라 죽인 숫자가 미친 속도로 너무 많았기 때문이다. 연말이 다가오자 명부가 채워지는 속도는 좀 더 규칙적이 되었다. 마침내 전염병이 멈춘 것일까? 아니다. 토드 박사가 다른 곳에 페스트를 뿌리기 위해 떠났기 때문이다. 그는 이웃한 강제수용소로 갔다가 친위대 북부 사단의 일원으로 핀란드에 갔다. '죽음'이 군인들 속으로 몸을 감춘 것이다.

해방이 되면서 그는 연합군에 체포되었다. 그러나 '마우트하우젠의 도살자'로서가 아니라 평범한 단순 장교로 구류된 것이어서 몇 주 지나 석방되었다. 그는 결혼하여 산부인과 의사로 바덴바덴에 정착했다. 부부는 서로 사랑하며 행복한 결혼 생활을 했다. 사법부가 이 괴물을 자유롭게 두었음을 깨달은 것은 범죄가 저질러지고 20년이 훨씬 지난 1962년의 일이었다. 정의의 여신은 종종 눈을 가린 것처럼 보이는데, 오히려 범죄자를 보지 못하게 방해하는 건 아닌지 나는 가끔 궁금했다. 아리베르트 하임은 1962년까지 태평하게 살았을 뿐만 아니라 기소당해 소송이 있었는데도 불구하고 도주에 성공했다. 그렇지만 평생 망명 생활을 해야 했다.

1960년대부터 유대인 학살 계획의 장본인 중 한 명인 알로이스 브루너 다음으로 나치 전범 수배자 1순위였던 이 인물에 대한 기상천외한 루머가 뉴스 헤드라인을 자주 장식했다. 괴물은 우루과이, 칠레, 스위스, 스페인에서 목격되었다. 몇 년 동안 하임은 절대적인 악의 화신이었다. 비극과 참사, 재앙의 원흉으로 추정되지만 절대로 잡지 못하는…… 2012년까지 말이다. 2009년 〈뉴욕 타임스〉와 ZDF*는 하임이 사망한 증거를 찾았다고 주장했다. 카이로에 정착한 그는 이슬람교로 개종하고 타렉 후세인 파리드라는 이름으로 살다가 1992년 대장암으로 사망했다는 것이다. 〈뉴욕 타

---

* 독일 제2텔레비전 방송.

임스)는 타렉 후세인 파리드의 비밀 트렁크 안에서 찾은 서류들을 공개했다. 그 안에는 '마우트하우젠의 도살자'와 추격에 대한 모든 기사 스크랩, 진료 기록 서류들, 유언장, 하임 가족을 보호하는 '설명' 편지가 있었고, 반유대주의 혐의에 대해 부인하는 내용이 들어 있었다! 누구든 메스로 죽여 버렸던 토드 박사의 행동에 이데올로기의 자리가 없었던 건 사실이지만 그렇다고 변명이 되진 않는다!

하임은 가학적인 괴물이었다. 강제수용소 수감자들을 실험 대상으로 여겼으며 정상적인 의사라면 감히 쥐에게도 결코 하지 않을 처치를 했다. 사망 증거가 이렇게나 쌓여 있었는데도 나치 전범 추적에 헌신한 시몬 비젠탈 센터는 2012년 독일 사법이 "죽음의 박사가 죽었다^{Dr. Tod ist tot}"라고 종지부를 찍을 때까지 의심을 거두지 않았다.

7장

지원자가
있든없든
실험할 것이다

아우구스트 히르트

| 아우구스트 히르트August Hirt (1898~1945) |

스위스 사업가의 아들로 태어나 하이델베르크 대학에서 의학을 공부하고 프랑스 스트라스부르
대학 교수가 되었다. 화학전을 염려한 힘러의 추천을 받아 나츠바일러 슈트루트호프 강제수용소
에서 전투 가스의 해독제를 찾는 일을 모색했다. 독가스 성분을 인체에 직접 떨어뜨려 실험했으
며 그 실험으로 사망한 사람 모두를 해부했다. 독가스뿐만 아니라 해부학과 인종 연구에도 관심
이 많았다. 타 민족의 두개골과 뼈를 모으기 위해 힘러를 설득해서 아우슈비츠로부터 수감자들
을 조달받아 표본을 만들었다. 프랑스 정부는 1952년 사형을 선고한 바 있지만 이미 1945년 종
전 무렵 자살한 사실이 뒤늦게 밝혀져 재판을 받지 않고 죽은 인물이 되었다.

둥근 얼굴, 굳게 다문 얇은 입술. 바로 아우구스트 히르트다. 히르트는 그가 활동했던 스트라스부르 의과대학의 동료들로부터 평가가 좋지 않았다. 그가 원망을 산 이유가 있다. 히르트는 굉장한 편집광이었고 날카로운 관찰자였다. 그에게는 사방이 적이었다. 개인적인 적들이었지만 조국에도 위험한 존재들이었다. 그래서 그는 기회를 엿보며 감시하고 밀고했다. 그는 함께 일하는 사람들을 공포에 떨게 했다.

강경한 진짜 SS였던 히르트는 돌격대대 지휘관 자리까지 진급을 거듭했을 뿐만 아니라 확신에 넘치는 인종 차별주의자이기도 했다. 아흐네네르베 멤버였던 그는 SS 멤버들의 이념과 인종적 순수성을 조사하고 순수 인종 확인서를 발급하여 SS 멤버들의 결혼을 허가해 주는 기관인 인종정주국RuSHA에서 결정적인 역할을 한 인물이었다.

그는 세계대전 동안 사용된 머스터드 가스인 이페리트 가스*의 대가로도 널리 알려져 있다. 당시 이 가스가 사용되자 연합군은 굉장히 당황했다. 전투 마스크조차 인간을 보호해 주지 못했다. 피부와 단순히 접촉하기만 해도 처참한 결과를 가져왔다. 접촉하는 순간엔 아무런 느낌도 없다. 그러나 몇 시간이 지나면 반점이 나타나고 발열이 느껴진다. 이틀에서 사흘 정도 후에는 수포가 생기고 피부가 떨어져 나가기 시작한다.

그런데도 힘러를 끊임없이 괴롭혔던 해독제를 찾는 일은 히르트에게 맡겨지지 않았다. 힘러는 연합군이 화학전을 시작할 거라 확신했고, 전투 가스를 사용하게 되면 제3제국은 멸망한다고 보았다. 독일 병력은 그 공격에 준비되어 있지 않았다. 총통을 믿었지만 헛일이었다. 히틀러는 동부 전선 공격만 생각했다. 힘러는 SS 의학의 수장인 그라비츠에게 답을 가져오라고 요구했다.

힘러에게 추천된 사람은 히르트가 아니라 존탁 박사였다. 그 역시 전투 가스 전문가였다. 존탁은 작센하우젠 강제수용소에서 3주 동안 실험했다. 실험 대상자가 된 사람들은 처참하게 고통받았지만 실험은 어떤 결실도 없는 완전한 실패였다. 그러자 힘러에게 노련한 스트라스부르 사람인 아우구스트 히르트가 추천되었다. 알자스와 로렌이 독일에 합병되면서 명성 높은 스트라스부르 의

• 독일군이 벨기에의 이프르를 공격할 때 사용한 독가스. 머스터드 황, 겨자탄으로도 불린다.

과대학은 전적으로 나치 의학에 충성하고 있었다.

SS의 교리를 신봉한 수많은 의사들처럼 명성을 갈구하던 히르트에게 영광의 날이 도래했다. 제1차 세계대전 때 총알이 그의 턱을 부수어 함박웃음을 짓는 걸 방해하지만 않았어도 입이 귀까지 찢어졌을 것이다. 여하튼 그는 힘러에게 무슨 말을 해야 할지 알고 있었다. 그에게는 보여 줄 결과들이 있었는데 사실은 실마리에 불과했다. 그는 전쟁 전에 이미 이페리트 가스의 해독제를 테스트한 바 있었다. 그때는 쥐로 실험했다. 동물의 등에 이페리트를 몇 방울 떨어뜨리면 24~48시간 내로 죽었다.

히르트는 이페리트로 중독시키기 전에 예방을 위해 비타민 A를 처치했다. 처치를 받은 쥐들은 몇 주 동안 생존했고, 특히 해부를 통해 쥐의 간에서 비타민 A 농도가 높고 유해한 물질의 농도는 낮다는 사실을 발견했다. 종이에 적은 '과학적' 원칙은 간단했다. 이 실험을 인간에게 재현하고 사망할 경우 해부해 보면 된다.

히르트에게는 보호자가 있었는데 중책을 맡은 사람이었다. 바로 아흐네네르베의 국장인 볼프람 지버스였다. 메시아 대망론적 임무를 수행하는 이 과학기관은 '인도·게르만 종족의 특성과 정신, 위치를 찾아 그 결과를 알기 쉬운 형태로 국민들에게 알리는' 것을 추구했고, 조심스러우면서도 두드러진 신비로운 취향이 있었다. 지버스(그는 자신이 이중첩자였다고 말했다)는 이 실험에 자신의 이름이 너무 직접적으로 개입되지 않기를 바랐다.

그는 1941년 히르트가 '스트라스부르 대학의 과학적 연구를 위한 유대계 볼셰비키 위원들의 두개골 취득'에 관한 긴 보고서를 보냈던 사실을 알고 있었다. 히르트는 머리와 두개골 측정과 사진, 그리고 다른 데이터들을 통해 범죄 행위와의 연관성을 증명할 수 있다고 확신했다. 힘러 역시 이를 믿어 의심치 않았다. 그러므로 1942년 4월 24일 친위대장을 만나기도 전에 이미 승산이 있었다. 힘러는 히르트의 가설을 읽었고 이런 유의 실험자를 높이 평가했다.

이페리트 가스에 관한 이전 작업들의 보고서를 내게 보내 주시오.
당신이 난관을 만나지 않도록 우리가 돌봐 주겠소.

히르트는 쾌재를 불렀다. 1942년 말부터 나츠바일러 슈트루트호프 강제수용소에서 실험들을 수행했다. 히르트에게는 편리하게도 이 강제수용소가 스트라스부르에서 몇 킬로미터 거리에 있었고 요제프 크라머가 소장으로 있었다. 그곳은 스트라스부르 사람들의 휴양지였다. 여름에는 산책을 하고 겨울에는 스키를 타러 오는 작은 산이었다. 200미터 아래에는 슈트루트호프 호텔도 있었다.

외바퀴 손수레에 거대한 돌들을 날라야 하는 수감자들에게 언덕은 매우 가팔랐다. 생존자인 앙리 라시에는 자신과 다른 수감자들이 겪어야 했던 고난에 대해 이야기했다.

수감자들은 짐을 들고 수용소까지 이어지는 깎아지른 비탈길을 올라가야 했습니다. 수감자들이 돌을 옮기는 동안 SS와 카포들은 점점 세게 물도록 훈련시킨 개들로 수감자들을 괴롭히며 놀았습니다! 영양실조에다 병이 든 많은 이들이 돌들을 쏟아 버려야 하는 골짜기에 도착하기도 전에 쇠약해져 죽었습니다.[7]

SS는 진짜로 놀고 싶을 때면 힘들게 올라온 불쌍한 사람들을 절벽 위에서 떨어뜨렸다. 20미터 아래에서 몸이 부서지는 소리와 비명을 듣기 위해서······.

크라머는 설득할 필요도 없었다. 정신이 편협하고 지적인 면에서 한계가 매우 컸던 크라머는 진짜 가학적인 사람처럼 묘사된다. 슈트루트호프에서 크라머와 그의 하수인들은 나치 점령군에 대항해 몰래 싸운 '밤과 안개[*]' 수감자라고 불리던 사람들을 악착스럽게 따라다녔다. 힘러에게 보호받는 사람을 돕는 것은 그에게 일종의 감사의 표현이었다. 그래서 희열을 느끼며 실험 대상으로 삼을 수감자들을 선별했다. 그는 의무실 앞에 수감자들을 일렬로 세워 놓고 선별 작업을 하면서 너무 쇠약해 보이는 사람은 돌려보냈다. 크라머는 세심했고, '상품'은 히르트의 마음에 들어야만 했다.

• 1941년 11월 히틀러가 시행한 작전으로 나치 정권에 저항하는 자들은 누구나 밤과 안개 속으로 흔적도 없이 사라질 수 있음을 의미했다.

결정적인 선별이 끝나고 나면 카포들이 수감자들을 '소독실'로 들여보냈다. 기생충을 모조리 없애기 위해 그들을 탕에 들어가게 했다. 탕 안에는 크레졸cresol•이 들어 있었다. 지금도 찾아볼 수 있는 이 강력한 살균제는 말을 수송하는 밴이나 트레일러를 소독하기 위해 판매되고 있다. 개에게 물리고 다치고 구타당한 이 불쌍한 사람들의 몸은 상처투성이였다. 살균제와의 접촉은 끔찍했다. 그들은 비명을 질렀고 나가려고 했지만 맞고 또 맞았다. 크라머는 SS와 함께 "저 사람들은 씻는 걸 싫어한다"며 농담을 주고받았다. 그는 그들을 탕에 더 오래 놔두라고 명령했다. 특히 "시끄러워서 우리끼리 의사소통을 할 수가 없다"며 조용히 하도록 요구했다.

이후 수감자들은 의무실로 가서 푸짐한 식사를 제공받았다. 그들은 대경실색했다. 더욱 놀라운 것은 부역을 면제해 주고 잘 먹게 해준다는 약속을 받았다는 것이다. 통찰력 있는 사람들은 이런 특혜가 결코 좋은 징조가 아님을 알았다. 오후가 시작될 무렵 히르트가 왔다. 크라머가 보낸 60명 중에 30명만 남겼다. 나머지는 자신들의 막사로 돌아갔다. 히르트는 선별된 사람들에게 말했다.

자네들은 대략 2주 동안 일련의 단기 의학 실험을 받게 될 것이다. 내가 분명히 해두고 싶은 것은 이 실험에는 어떤 특별한 심각성도

• 석탄 타르 및 나무 타르 중에서 석탄산과 함께 발생하는 물질. 소독약과 방부제로 쓰인다.

없다는 것이다. 이외에도 자네들은 계속해서 건강검진을 받을 것이다. 어떤 특별한 고통도 겪지 않을 것이다.

히르트는 인간에게 미치는 이페리트 가스의 돌이킬 수 없는 영향을 완벽하게 알고 있었다. 그는 안심시키려고 했지만 아무도 그를 믿지 않았다. 발이 넓다고 으스대고 싶었던 그는 자원하는 사람이 있으면 그 대가로 SS 친위대장인 힘러에게 중재해 석방시켜 주겠다고 약속했다. 누구도 손을 들지 않았다. 자원한다 해도 아무것도 바꾸지는 못했을 것이다. 끝까지 파렴치했던 히르트가 이렇게 말했기 때문이다. "지원자가 있든 없든 실험할 것이다."

크라머는 15명씩 두 그룹을 만들었다. 그들은 서로 다른 두 방에 나누어 배치되었고 처음으로 잠잘 곳과 좋은 식사를 제공받았다. 그때까지 수감자들의 일상은 개에게 물리고 SS에게 구타당하며 감자 껍데기가 간간이 보이는 수프를 먹는 것이었다. 이 특별 대우가 그들에게 어떤 일이 일어날 징조임을 그들은 알고 있었다. 그들은 최악을 기다렸다.

그 최악이 들이닥친 건 2주 후였다. 히르트와 그의 부관이 강제수용소로 돌아왔다. 벌거벗은 수감자들이 차례대로 신분을 밝히고 팔을 펴면 이페리트 한 방울을 떨어뜨렸다. 한 방울. 죽음의 한 방울. 며칠 전까지 '애지중지 당했던' 사람들은 어떤 생각을 했을까? 그들은 자유는 아니더라도 헐벗고 멍든 몸에 적어도 조금의 힘을 이제 막 되찾기 시작하고 있었다.

사형집행인의 잔인함을 잘 아는데, 자신들을 선택하고 선별한 이유가 끝나지 않을 것 같은 기다림 뒤에 고작 팔에 무해한 제품 한 방울을 떨어뜨리는 것이라고 생각했을까? 수감된 간호사인 페르디난트 홀이 실험 대상자의 팔을 잡았다. 나중에 그는 뉘른베르크에서 증언을 했다.

사람들은 몸부림쳤다. 비명을 질렀다. 그들의 몸엔 방금 이페리트 한 방울이 떨어졌다. 팔을 편 채로 한 시간을 서 있으라는 명령이 내려졌다. 이어지는 시간 동안 아무 일도 없었다. 수감자들의 불안을 어렵지 않게 짐작할 수 있다. 그들은 고통받을 것을 알았다. 알 수 없는 제품 한 방울이 팔에 떨어졌다. 최악을 염두에 두어야 했다. 그저 피부 테스트를 한 것이라고 보기엔 불가능했다.

그런데 아무 일도 일어나지 않았다. 기미도 없었다. 통증도 없었다. 따끔하지도 않았다. 근육의 긴장이 조금 풀리면서 희망이 살아났다. 그러나 독은 이 불행한 사람들의 몸에 퍼지고 있었다. 히르트는 이페리트와 접촉한 뒤 첫 증상이 나타나는 시한을 알고 있었다. 6시간이었다. 그는 실험 내내 자신과 함께한 사진사와 저녁에 다시 돌아와 고통과 죽음의 순간을 사진으로 영원히 남겼다.

히르트가 자신이 옳다는 것을 과학계에 보여 주기 위해 과시한 증거가 있다. 그가 해독제를 찾아낸 것이다. 사형집행인은 이미 자기 자신을 화학전에서 독일군 수십만 명을 살릴 구원자라고 생각했다. 그러나 편집적이라 할 만큼 조심스러운 기질을 가진 그는 필름을 직접 회수하는 것을 잊지 않았다. 그는 아무도 신뢰하지 못했다.

의무실에서 이페리트 방울을 떨어뜨린 지 6시간이 지나고 첫 증상이 나타났다. 욱신거림이 팔에 번졌다. 실험 대상자들은 그것이 시작일 뿐임을 깨달았다. 히르트는 온갖 방법을 사용했다. 크림과 연고를 바르고 약을 먹게 하고 혈관주사를 놓고 조제한 약들을 시험했다. 물론 과학적으로 나무랄 데 없는 비교를 위해 치료하지 않은 그룹을 남겨 놓는 것도 잊지 않았다.

밤새도록 수감자들은 고통으로 비명을 지르며 간청했다. 몇몇은 다음 날 몸 전체에서 발열 증상이 나타났다. 이페리트는 계속해서 작용했고 히르트는 자신의 일을 했다. 피할 수 없는 독의 진척 상황이 필름에 수백 장의 사진들로 남았다. 며칠 만에 사람들은 알아볼 수 없게 되었다. 상처가 몸을 변형시켰다. 모두. 팔과 손으로부터 시작해서 말이다. 페르디난트 홀은 "그들의 고통이 너무도 커서 그들 가까이에서 머무는 일이 거의 불가능했다"고 회상했다.

엿새째가 되어 첫 번째 해방, 즉 첫 번째 사망이 발생했다. 어떤 장기가 피해를 입었고, 어떤 장기가 치료로 보호를 받았는지 궁금해 미치겠던 히르트는 다음 날부터 부검을 하고 싶었다. 그는 두 폴란드 인에게 들것으로 시신을 옮기라고 하고 자신의 조수와 교대했다. 그들은 폴란드 인들이 알아듣는 것을 의심하지 못한 채 독일어로 말했다.

다음 날 슈트루트호프 전체가 알게 되었다. 히르트는 외과 의사도 검시관도 아니었다. 그가 부검을 하려면 도움이 필요했다. 벨기에 외과 의사인 보게르트도 수감자였다. 적출한 장기마다 표본병에 담았다. 표본병들은 모두 아흐네네르베 위생 병리 연구소로 운반되었다. 남은 시신은 화장 가마에서 태웠다. 사진사는 계속해서 자신의 더러운 일을 했다. 히르트는 스트라스부르 대학에서 자기 곁에서 일한 프랑스 청년 샤를 슈미트에게 필름을 맡겼다. 자신이 본 것에 분노한 이 젊은 청년은 프랑스 인 동료들에게 털어놓았고, 이를 알게 된 히르트는 그를 위협했다.

시간이 지나자 수감자들은 자리에서 일어나지 못했다. 그들 중 2명은 눈이 멀었다. 8명이 사망했다. 히르트는 일련의 다른 실험을 시작했다. 이번에는 120명의 러시아 인과 폴란드 인이 실험 대상자로 지목되었고 40명이 사망했다. 생존자들은 알려지지 않은 곳으로 이송되었다. 아무도 발견되지 않았다. 사망자들은 모두 해부를 당했다. 히르트는 슈미트에게 적출한 장기들을 매우 얇게 절단하라고 요구했다. 힘러가 그토록 기다렸던 보고서를 히르트가 이제 쓸 수 있게 된 것이다. 그가 준비한 평생의 역작이었다.

히르트는 그리 정통하지 않은 독자의 찬사를 높여 줄 과학적 면밀함으로 보고서를 작성했다. 모든 것이 상세했다. 중간 정도의 사례에 적용할 치료법, 비타민의 역할, 붕대, 알약, 심지어 공감을 드러내기도 했다. 말하자면 모두 상대적인 공감이다. 그는 이렇게 글을 썼다.

고통 때문에 렉서의 간유肝油 연고를 두 시간 넘게 너무 오래 발라 두면 안 된다.

그는 정신과 의사 역할도 했다. 심각한 경우에는 '강력하고 체계적인 심리치료'를 실시해야 한다고 제안했다. 심지어 심리치료도 강력해야 했던 것이다. 그는 명확히 했다.

이페리트 때문에 매우 무기력해진 환자의 심리치료는 부교감신경 체계(순환과 순환 체계)에 영향을 줄 가능성이 있으므로 치료의 중요한 일부다.

힘러가 양질의 보고서에 감탄한 만큼 히틀러는 앞으로 화학전을 준비해야 한다고 확신했다. 이는 러시아 비밀 요원들이 세뇌시킨 결과였다. 독일군 진영에 통제할 수 없는 집단적 강박관념이 퍼졌다. 이렇게 하여 히르트는 제3제국 의학의 선봉적인 인물이 되었다.

히틀러의 개인 주치의이자 히틀러에게 특별히 위임받은 카를 브란트가 스트라스부르에서 히르트를 만났다. 그들은 어떤 이야기를 나누었을까? 히르트가 권장한 것이 실행되지 않았기 때문에 우리가 역사를 통해 알 수 있는 것은 없다. 사실 면담이 있은 지 몇 달 뒤 연합군이 스트라스부르를 해방시켰다. 그들이 오기 전 최후의 순간에 도주한 히르트를 연합군은 찾아내지 못했다. 의사는 튀빙겐에서 멀지 않은 검은 숲˙에 숨었다. 그는 1945년 6월 자살하면서 잔학행위에 대한 기억 외에 슬프게도 유명한 기괴한 컬렉션을 남겼다.

•   독일 남서부 바덴 뷔르템베르크 주의 산악 지역인 슈바르츠발트를 가리킨다.

8장

유대계 볼셰비키
위원들의 두개골

스트라스부르 컬렉션

히르트는 독가스 전문가였을 뿐만 아니라 해부학과 인류학, '종족' 인류학에도 관심이 있었다. 그의 꿈 중 하나는 자신의 인류박물관, 즉 인류 출현 이전의 동물과 인간의 해부학적 차이는 물론 '하등 인류'의 특징을 방문자들이 관찰할 수 있는 박물관을 건립하는 것이었다. 그렇게 하려면 그가 인류의 일원이 아닌 것처럼 여기는 유대인의 두개골과 해골이 필요했다.

전쟁은 히르트에게 꿈을 실현할 기회를 주었다. 힘러를 설득하는 일은 절차에 불과했다. 자신이 좋아하는 중개인 지버스에게 보낸 보고서 겸 편지에서 그는 이렇게 설명했다.

거의 모든 종족과 민족의 두개골 컬렉션이 대규모로 존재합니다. 그러나 유대인 인종의 두개골 표본은 극히 조금밖에 없어서 연구를 하여 명료한 결론에 이르기가 어렵습니다. 동부에서의 전쟁은 우리의 이런 결핍 상황을 해결할 기회입니다. 혐오스럽지만 독특한 열등 인류의 전형인 유대계 볼셰비키 위원들의 두개골을 획득해 과학적이고 명백한 증거들을 얻을 수 있을 것입니다. 이 두개골 컬렉션을 손쉽게 빨리 얻을 최고의 방법은 이제부터 유대계 볼셰비키 위원들을 생포해 산 채로 전선의 경찰에 넘기라고 독일 국방군에게 지시를 내리는 것입니다. (……) 젊은 의사가 일련의 사진들을 찍고 인류학적인 측정을 해야 합니다. 유대인들을 머리가 상하지 않도록 주의하면서 죽인 다음, 몸통에서 머리를 절단한 뒤 보존 용액에 넣어 목적지로 보내면 됩니다.

문체는 나치의 기준에 따라 냉정하고 서술적이며 명확하다. 프로젝트에 열광한 힘러는 청신호를 보냈다. 그런데 행정 처리는 전시인 데다 제3제국인데도 사형집행인의 뉴런보다 늘 빠르지 못했다. 몇 차례 재촉을 하고 나서야 마침내 히르트는 수집에 착수할 수 있었다.

이 끔찍한 프로젝트를 앞에 두고 일말의 의문이라도 표하는 사람은 아무도 없었다. 아마도 히르트가 존경받는다고 말해야 마땅하리라. 특히 그가 형광물질 덕분에 생체조직 관찰이 가능한 현미경을 개발해서였을까? 히르트에게 가장 실용적인 방법은 피해자들을 나츠바일러에서 죽이는 것이다. 스트라스부르 의과대학에 '신선한 상태로' 도착한 몸들을 즉석에서 준비시킬 수 있기 때문이다. 멋진 표본을 얻기 위해 히르트는 아우슈비츠에서 피해자들을 조달받았다. 1943년 6월 15일, 선별이 끝났다. 지버스는 150명으로 작업했다고 기록했다. 그중 유대인 남자는 79명, 폴란드인은 2명, 아시아 인은 4명, 그리고 유대인 여자는 30명이었다.

마침내 수감자 86명이 아우슈비츠에서 나츠바일러로 이송되었다. 음산한 수용소 소장 요제프 크라머가 그들을 기다리고 있었다. 히르트는 청산염이 들어 있을 250밀리리터 병을 크라머에게 넘겨주었다. 첫 번째 무리는 여자 15명이었다. 1943년 8월의 어느 저녁, 그들은 슈트루트호프의 가스실로 보내졌다. 크라머는 그 광경을 이렇게 묘사했다.

안에서 벌어지는 일을 관찰하기 위한 관찰용 창문 위에는 깔때기가 설치되어 있었다. 문을 닫고 그 깔때기에 일정량의 염을 부었다. 여자들은 30분 동안 계속해서 숨을 쉬다가 마루에 쓰러졌다. (……) 나는 SS 간호사에게 시신들을 트럭에 싣고 다음 날 새벽 5시 반에 (스트라스부르) 해부학 연구실로 운반하라고 말했다.

두세 번에 걸쳐 크라머는 수감자들을 10여 명씩 처형했다. 뉘른베르크 재판에서 그는 이렇게 자백했다.

그 일을 수행하면서 나는 어떤 감정도 느끼지 않았습니다. 여러분

께 진술한 방식으로 86명의 수감자들을 처형하라는 명령을 받았
기 때문입니다. 어쨌거나 나는 그렇게 교육받았습니다.

시신들은 여전히 따뜻한 상태로 스트라스부르 해부학 연구소
에 도착했다. 체포되어 콩피에뉴에 수감된 후 히르트의 실험실에
서 실험 준비 조교로 일하던 프랑스 시민 앙리 앙리피에르가 그들
을 수령했다. 나중에 뉘른베르크 재판에서 그가 한 증언으로 히르
트가 원하던 컬렉션이 중요하게 조명되었다.

1943년 7월 수감자들을 처형하기 며칠 전, 시신들을 수령할 큰
통들을 준비하라는 엄명이 내려졌다. 그는 통 안에 55도의 합성
알코올을 부었다. 아침 7시에 첫 수송차량이 도착했다. 여자들의
시신이었다. 앙리피에르는 이야기했다.

도착했을 때 그들은 아직 따뜻했습니다. 크게 뜬 눈들이 반짝였어
요. 빨갛게 충혈된 것 같았고 눈이 안와에서 튀어나와 있었습니다.
코와 입 부위에 혈흔이 있었고 배설물의 흔적도 있었습니다. 시체
의 경직은 없었습니다.
여자들의 왼쪽 팔뚝에 새겨진 일련의 숫자들을 기록했습니다. 나
는 그 숫자들을 적은 종이를 집에 보관했습니다. 숫자 5개로 이루
어진 번호였어요.

수송차량 여러 대가 잇따라 도착했다. 모두 첫 번째와 같은 상태의 시신들로 가득했다. 히르트는 앙리피에르에게 "입조심하지 않으면 자네도 저렇게 될 거야"라며 경고했다. 큰 통 안에 들어간 시신들은 아무도 만질 권리 없이 1년 동안 방치되었다.

1944년 9월 5일 연합군의 진격 앞에서 지버스는 카를 브란트에게 전보를 보냈다. 시신들이 달갑지 않은 연합군의 손에 들어갈 수도 있다는 생각에 걱정되어 명령을 요청했다.

> 과학적 작업의 중대한 필요 때문에 해골 준비를 아직 끝내지 못했습니다. 히르트는 스트라스부르가 위험에 처할 경우 (……) 무엇을 해야 하는지 요청하고 있습니다. 히르트는 시신들을 액체에 오랫동안 담가 두어 살점을 제거해 알아보지 못하게 만들 수 있습니다. 그러나 이는 이미 실시한 작업의 일부를 수포로 만들 것이고, 그러면 더 이상 주조가 가능하지 않기 때문에 둘도 없는 희귀한 컬렉션이 파괴될 것이므로 과학적 손실이 큽니다.

이 컬렉션을 구하기 위해 지버스는 만약 연합군이 큰 통에서 시신들을 찾아내면 프랑스 인들이 급히 대학을 떠나면서 놔두고 간 것들의 일부라고 말하려는 상상까지 했다. 결국 앙리피에르와 동료들은 86구의 시신들을 절단해 스트라스부르 도시의 화장터에서 태우라는 명령을 받았다. 시간과 기운이 부족했는지 시신들이 모두 재로 변하진 않았다. 몇 구가 큰 통 바닥에 남아 있었다. 부분적으로 절단된 사지들과 함께.

해부학 연구실에서 잔학행위의 현장을 발견한 연합군은 시신과 큰 통들을 사진으로 찍었다. 실험 준비 조교가 사진사들을 도왔다. 시신들의 신원이 밝혀졌다. 앙리피에르가 없었다면 이 시신들은 어쩌면 사연도 이름도 없었을 것이다. 지금은 크로넨부르 유대인 공동묘지에 안장되어 있다. 이곳을 지나는 행인들은 아쿠니 Akouni 부터 볼린스키 Wollinski 까지 '나치 과학'이란 이름으로 학살당한 사람들을 추모하며 묵념을 하거나 인사할 수 있다.

9장

스트라스부르로
돌아와서

히르트가 컬렉션의 시신들을 내버려 두고 스트라스부르에서 도망쳐야 했다는 것을 알고 나서 수십 가지 의문들이 머릿속을 스쳐 지나갔다. 시신들이 보존된 큰 통들이 지금도 존재할까? 머리, 팔, 다리들은? 시신의 토막들을 어딘가에서 볼 수 있을까? 그것들은 파기되었을까? 언제? 왜? 누가?

알아야만 했다. 누구에게 물어볼까? 나는 스트라스부르에 아는 사람이 없다. 내가 제일 처음으로 메일을 보낸 사람은 그 대학 총장이었다. 그가 내게 답장하는 것을 잊지 않으리라고 나는 확신했다. 확실히 아주 빨리 그의 답 메일이 도착했다. 그는 해부학 연구소 소장인 장 뢰 칸 교수에게 연락해 보라고 조언해 주었다. 그래도 '민감한 문제'라고 밝히며 내게 주의를 주었다. 민감하다고? 사실의 끔찍함으로 볼 때 이 표현은 너무 약하다고 여겨지지만 우리 시대가 특히 완곡한 표현을 좋아하는 건 사실이다.

나치 점령 아래에 있었던 대학의 과거가 그 대학 운영자로서 앞에 내세울 만한 것이 아님을 나도 짐작은 하지만 뭔가 다른 것이 있음을 느꼈다. 내 직감은 곧 확인되었다. 내가 전화를 하기도 전에 총장에게서 내 행보를 통지받은 칸 교수는 대학의 역사학자인 다른 교수와 연락해 볼 것을 권하는 메일을 내게 보냈다.

나는 나대로 한 의사에게 연락을 했다. 히르트의 피해자 중에서 팔에 문신한 번호 덕분에 신분이 확인된 메나쳄 타펠을 위해 추모 현판을 만들려고 수십 년간 싸운 사람이다. 다음은 그가 내게 쓴 내용이다.

연구소의 책임자들은 부인하지만 나치 시대에 만든 해부 토막들이 아마도 여전히 존재할 것입니다. 1944년 12월 1일 해부학 연구소의 큰 통에서 발견된 온전한 시신 17구와 시신 토막 166개에 대해 1946년에 작성된 '역사적인' 해부 보고서가 존재합니다. 그것을 당신에게 드릴 수 있습니다.

히르트가 인류박물관에 전시하려고 했던 불행한 사람들의 장기와 시신 토막들이 존재한다는 것이다! 어떻게 이게 가능할까? 왜 아무도 시신의 일부를 가족들에게 되돌려 주려고 하지 않았을까? 어떤 일이 있었는지 상기시키기 위해 공식 장례식 때 만든 추모비 옆에 어째서 묻지 않은 걸까? 점점 많은 의문들이 떠올랐다. 답을 찾았다. 그 답은 우지 본슈타인에게서 나왔다. 이 의사는 1960년대 말에 프랑스에 왔다. 해부에 심취한 그는 곧 스트라스 부르 연구소에 조교로 채용되었다.

당시 한 의사가 그에게 어느 날 연구소를 구경시켜 주었다고 한 다. 그는 붙박이장 앞에서 멈추더니 문을 열고는 우지에게 보라 고 요청했다. 젊은 의사의 눈앞에는 표본병들이 있었다. 표본병마 다 손, 입, 코 등이 들어 있었고 이름표가 붙어 있었다. 고트어로 'Juden'(유대인)이라고 적혀 있었다. 그 글자는 이름표가 쓰인 날짜 와 출처에 대해 어떤 의문도 남기지 않았다.

자신이 본 것에 충격을 받은 우지는 아내에게 말한 뒤 기억 아 주 깊숙한 곳으로 그 이미지를 쫓아내 버렸다. 40년 후, 스트라스 부르를 떠난 지 오래되었음에도 우지는 기억했다. 일종의 의도하 지 않은 기억이자 부름이었다. 그 병들에 대해 이해해야 했고 말 해야만 했다. 그는 의과대학에 전화해 칸 교수와 면담을 요청했 다. 그는 보고 싶었다.

"뭘 보자는 거요?" 칸 교수가 말했다. "아무것도 없소!" 약간 거 만한 그 남자는 단호했다. 나치 시대의 토막도, 표본병도, 이름표 도 없다고.

당연히 초대받은 우지 본슈타인이 직접 확인을 했다. 심지어 붙 박이장의 문을 열어 준 의사 지르크 교수에게도 직접 와서 이 방 문에 동행해 달라는 요청을 하기도 했다. 그러나 아무것도 없었다. 우지는 아무것도 보지 못했다. 칸 교수는 모든 부서를 다 열어 보여 주었다. 붙박이장을 찾아냈지만 비어 있었다.

"봤습니까?" 칸 교수가 말했다. 그는 지르크 교수를 보며 물었다. "본슈타인 박사 앞에서 인체 일부가 담긴 표본병들이 있는 붙박이장을 열어 보여 준 적이 없다고 당신의 명예를 걸고 맹세할 수 있습니까?"

"명예를 걸고 맹세합니다."

사건은 마무리되었다. 우지 본슈타인의 그 순간은 꿈이었다. 그는 그렇게 믿고 확신하려 했지만 의혹을 끊어 낼 수 없었다. 대화 도중에 아내는 그가 당시 그 표본병들에 대해 이야기했다고 확인해 주었다.

나는 스트라스부르에 가기로 결정했다. 칸 교수에게 만남을 요청했고, 1년에 한 번 개방할 뿐인 이 연구소의 특별 방문 기회를 얻어냈다. 지금 내 앞에 있는 멋진 건물이 스트라스부르 병원이다. 구시가 도심에 위치해서 문턱을 넘자마자 역사의 무게가 느껴진다. 영혼은 없지만 학생들에게 불가피한 현대성을 갖춘 의과대학의 현대적인 건물과는 아주 거리가 멀다. 칸 교수는 해부학 연구소에 있는 자신의 사무실에서 만나자고 했다.

아름다운 계단은 최근에 칠을 했고 역시나 훌륭했다. 그럼에도 나는 불편함을 느꼈…… 왜 검정색 선에다 강조하는 선으로 암적색을 넣은 걸까? 멍청한 협회라고 나 자신을 설득시키자 불

편함이 사라졌다. 그렇게 고통스러운 일들이 일어난 곳에 칠할 색
상으로 제3제국의 깃발과 SS 의사들이 두른 완장의 색을 골랐으
리라고는 아무도 상상하지 못할 것이다.

칸 교수와 연구소를 둘러보기 시작했다. 나는 분위기를 누그러
뜨리기 위해 자주 그랬듯 약간의 유머를 섞어 나의 불편함을 알리
고 싶어서 참을 수가 없었다. 내 시도는 이득이 없었다. 교수는 웃
는 대신 실내 장식가가 제안한 몰상식한 색상을 갑자기 깨달은 듯
했다. "옳으신 말씀이지만 난 전혀 생각해 보지 않았습니다." 그는
아름다운 계단을 보면서 확실히 당혹스러워하며 말했다. 연구소
를 방문하는 동안 그는 이 말을 여러 번 반복했다. 나는 조금 후회
했다. 이제부터 그 화려한 계단을 다시는 이와 같은 방식으로 절
대 보여 주지 않을 거라고 생각했기 때문이다.

해부학 연구소에는 문화유산의 날*에만 대중에게 공개하는 박
물관과 학생들을 위한 교실, 그리고 학문을 위해 기증된 시신들이
아직도 담겨 있는 큰 통들이 있는 지하의 방, 그러니까 예전에 히
르트가 컬렉션에 포함시키려고 시신들을 보존했던 방들이 있다.
나는 진열장과 붙박이장을 모조리 볼 수 있었다. 칸 교수는 내게
문도 열어서 보여 주었다.

의사인 나에게는 매력적이고 놀라운 것들로 가득했다. 사지, 두

• 　매년 9월 세 번째 일요일로 평소에 접하기 어려운 역사 유적지를 개방한다.

개골, 흉부 토막, 골반, 이런 것들은 모두 보물이다. 주산기周産期 의학에서 '괴물'이라고 부르는 것들이 들어 있는 병조차 말이다. 뇌가 없고 눈이 없는 태아, 한 몸에 머리가 2개인 샴쌍둥이. 대중은 보지 못하는 표본병들이다. 이해가 간다. 칸 교수가 설명했다. "이 해부학 표본들은 모두 날짜가 적혀 있고 목록에 기입되어 있습니다. 박물관 전체 해부 표본의 99퍼센트는 1918년 이전의 것들입니다. 정기적으로 컬렉션이 늘고 있다고 해도 나치 시대의 것은 하나도 없습니다." 히르트와 그의 동료들이 연구소에서 보낸 3년 동안 해부학 표본들을 추가하지 않았다고 어떻게 확신할 수 있을까? 칸 교수는 그렇게 생각하지 않는다며 그들은 다른 일로 바빴을 거라고 말했다.

칸 교수는 나를 원형 강의실로 들여보냈다. 나는 전율했다. 그곳은 아마도 히르트가 해부학을 강의하던 곳이었을 것이다. 현재 그곳은 아무것도 모르는 학생들이 채우고 있다. 칸 교수는 유감스러워하며 솔직하게 말하기를, 몇 년 전 해부학 강의 첫 시간부터 히르트에 대해 말해 주고 진정한 역사 강의를 했으나 압박감이 몹시 심해지고 일의 부담이 너무 커졌다고 했다. 건물 지하에서 벌어진 잔학행위에 대한 이야기로 신입생들을 짓누를 용기도 더 이상 나지 않는다고 했다.

칸 교수는 엘리베이터를 이용해 나를 지하로 데려갔다. 우리는 시신을 눕힐 수 있을 만큼 꽤 길고 낡은 엘리베이터 안으로 들어갔다. 폐쇄공포증인 사람과 심약한 사람은 삼가길 바란다. 바로 이곳을 통해 과학에 기증하고 학생들에게 쓰일 시신들이 운반되었다. 바로 이 엘리베이터를 통해 슈트루트호프에서 도착한 86구의 사형당한 시신들 역시 지나갔다. 이 엘리베이터를 타고 히르트는 사람들의 시선을 피해 큰 통들이 있는 곳으로 갔다.

지금까지 친절하고 느긋했던 칸 교수조차 어느 협소한 두 방의 문을 열어 주면서 더욱 엄숙해졌다. 그날은 날씨가 화창했다. 작은 창문들로 들어온 빛이, 타일이 붙여져 있고 위로 열리는 거대한 냉동고 같은 커다란 통들을 비추었다. 바로 거기였다. 바로 그곳에서 연합군은 시신들을 발견했다. 믿기 어려울 정도로 얽혀 있는 시신들과 사지들 말이다. 급하게 떠나면서 SS가 미처 태우지 못한 것들이었다. 몸은 있었지만 86구의 머리는 어디에도 없었다.

나는 갑자기 1943년으로 옮겨진 느낌이었다. 알코올 용액 속에 잠긴 수감자들의 시신을 상상했다. 내 앞에 있는 큰 통 속에 시신들이 있었다. 교육을 위한 것이었다. 통에 담긴 용액과 담요와 삐져나온 발……. 분위기는 무거웠다. 우리는 죽음이 서린 그곳을 떠났다.

지옥에 내려갔다가 사무실로 돌아온 나는 칸 교수에게 큰 통에서 발견된 시신들과 사지들이 어떻게 되었는지 물어보았다. 본슈타인 박사가 말한 붙박이장은 어디 있을까?

"아무것도 없습니다." 칸 교수는 말했다. 그는 본슈타인 박사와 그가 방문하던 때의 만남을 아주 잘 기억했다. "아무것도 없을 뿐더러 어째서 당신은 아픈 과거를 일깨울 뿐인 그 끔찍한 것들을 우리가 보관하거나 숨기길 기대하고 있는 겁니까?"

그는 해방되고 의사들의 부검 보고서가 작성된 이후, 연구소에서 발견된 모든 시신들과 사지들은 건물 아래의 추모 현판이 증언하고 있는 것처럼 크로넨부르 유대인 공동묘지에 매장되었다고 말했다. 나는 그것이 2005년에야 만들어졌다는 사실을 지적하지 않을 수 없었다.

칸 교수는 자신은 그 자리에 없었으므로 맹세할 수 없지만, 히르트가 저지른 만행의 흔적이 연구소 어디에도 없다는 사실을 모든 전임자들이 단언했다고 했다. 더 이상 아무것도 없었다. 잔학행위, 수치스러움, 오직 비열한 행위에 희생된 사람들에 대한 기억, 그리고 "다시는 의학이 타락하지 않도록 이들을 기억하시오"라는 현관의 추모 현판뿐이다. 아, 맞다! 계단에 칠해진 붉고 검은색이 있었지.

10장

그는 살인자처럼
생기지 않았다

요제프 멩겔레

| **요제프 멩겔레**Josef Mengele (1911~1979) |

닉네임은 죽음의 천사. 유복한 집안에서 자란 모범생으로 의학, 인류학, 철학 등을 공부했다. 1943년부터 20개월 동안 아우슈비츠의 군의관으로 일하면서 기차에서 내리는 유대인들 중 가스실로 보낼 사람들을 선별하는 작업을 했다. 유전학적으로 완전히 동일한 인간이 궁금해서 쌍둥이 연구에 특히 몰두했다. 파란 눈동자로 변하는지 보려고 수감자들의 눈에 청색 색소를 주사하기도 했다. 해방 직전 아우슈비츠를 떠나 34년간 남미에서 도피 생활을 하다가 브라질의 바다에서 수영 도중 익사했다.

그는 잘생기고 기품 있고 좋은 냄새가 났다. 클래식 음악에 푹 빠진 그는 '문화'란 단어를 들었을 때 권총을 뽑아드는 무식하고 야만적인 유형은 아니었다. 동터 오는 아침, 그가 홀로 거울 앞에 서 바그너를 흥얼대며 외출하기 전에 바싹 면도를 한 뒤 은밀한 향의 화장수를 뿌리는 장면은 어렵지 않게 상상할 수 있다. 언제나 흠잡을 데 없었고 무척 당당한 태도를 공공연히 드러내 거만하다 싶을 정도였다. 제복과 광택 나는 부츠를 차려입은 그는 제3제국의 이상적인 사위였다. 아, 그의 부츠! 부츠를 더럽히는 진흙만큼 그를 화나게 하는 것도 없었지만 그는 용의주도했다. 언제나 다른 부츠 한 쌍을 지근거리에서 하수인이 들고 다니게 했다.

다행히 그곳 유덴람페 Judenrampe*에는 흙도 진흙도 없었다. 먼지

---

* '유대인 경사로'라는 뜻이다. 죽이고 살릴 유대인들을 선별하던 기차 플랫폼을 가리킨다.

는 좀 있었지만 그의 생각은 다른 곳에 있었다. 자주 그렇듯 그는 도착하는 기차에 집중해야 했다. 굶주리고 목마르고 겁에 질려 망연자실해 있는 수감자들이 기차에서 플랫폼으로 쏟아져 나왔다. 그들 중에는 분명 나의 할아버지도 계셨다.

잘생긴 의사는 뛰어난 사냥꾼이기도 했다. 지인들이 베포Beppo[8]라고 부르는 이 요제프 멩겔레는 그가 하등 인간이라 확신하고 기차가 새로 올 때마다 그 확신을 견고히 해주는 그들을 주의 깊게 관찰했다. 모두 유전적 특성일 뿐이었다. 우리의 모든 것은 유전자에 담겨 있다(DNA는 아직 발견되지 않았다). 우리의 인격이나 정신 현상에 영향을 미칠 수 있는 것은 아무것도 없다. 타고나기 때문이다. 그러니 그가 원하는 인류에는 존재하지 않는, 어쨌든 미래가 없는 유대인들을 대할 때 양심의 가책이나 후회로 거북해할 이유가 있었을까.

먼지가 덮인 선로 변경 레일 위에서 절대 권력을 지닌 죽음의 천사는 사람들을 흘낏 쳐다본 뒤 그가 절대로 놓지 않는 승마용 채찍의 움직임으로 지시했다. "왼쪽, 오른쪽, 왼쪽, 오른쪽……." 생존자들은 아우슈비츠의 황폐함을 배경으로 너무도 기품 있고 너무도 무례한 이 의사가 클라크 게이블 같았다고, 할리우드 배우 같은 외모여서 정말 살인자처럼 생기지 않았다고 묘사했다.[9]

한쪽에서는 노인, 병자, 어린이가 덜덜 떨며 기다렸고, 다른 쪽에는 노동으로 전시 경제 속에 있는 독일을 도울 수 있는 사람들이 섰다. 모두 서로를 바라보며 이편에서 저편으로 작별의 메시지를 나누었다. 감히 간청하고 관용을 구걸하는 사람들이 있으면 그는 기분에 따라 몹시 기뻐하거나 길이 남을 분노를 표출했다. 가장 운이 좋은 사람들은 채찍을, 나머지는 총알을 맞았다. 한번은 수송 인원 전체를 가스실로 보내 집단 처벌했다. 한 어머니가 자신을 딸들과 갈라놓은 SS를 물려고 했기 때문이다. 줄이 만들어지고 나면 왼쪽 줄은 가스실로 가고, 오른쪽 줄은 막사와 지옥으로 향했다. 아우슈비츠에서 멩겔레 박사의 이름은 주위에 다 들리게 발음해선 안 되고 속삭여야 했다.

그는 공포스러웠다. 선별은 물론이고 그의 분노 발작과 '수색'에서 특히 그랬다. 《나이트La nuit》[10]에서 엘리 위젤은 박사와의 끔찍한 만남을 이렇게 회상했다.

갑자기 침묵이 짓눌렀다. SS 장교가 들어왔는데 그에게서 죽음의 천사 냄새가 났다. 우리의 시선은 그의 살찐 입술에 매달렸다. 그는 막사 중앙에서 우리에게 연설했다. "당신들은 아우슈비츠 강제 수용소에 있다." 그러고는 잠시 멈추었다. 그는 연설이 낳은 효과를 관찰했다. 그 얼굴이 지금까지도 내 기억 속에 남아 있다. 큰 키에 삼십대로 보이는 남자의 이마와 동공에 범죄가 새겨져 있었다. 그는 우리가 살려고 기를 쓰는 나병 걸린 개떼인 양 뚫어지게 쳐다보았다. "기억하시오." 그는 계속해서 말했다. "언제나 기억하시오.

머릿속에 새겨 두란 말이오. 당신들은 아우슈비츠에 있소. 아우슈비츠는 요양소가 아니오. 강제수용소지. 이곳에서 당신들은 일해야 해. 그렇지 않으면 굴뚝으로 직행할 거요. 화장터로. 일하지 않으면 화장터행이야. 선택은 당신들 손에 달렸어."

요제프 멩겔레. 소름 끼치는 피조물이 되도록 그를 이끈 선택은 무엇이었을까? 유전적인 요소나 유년기를 살펴봐도 한 생존자의 말마따나 그를 '화장터의 기만적인 얼굴'이자 괴물로 만든 것은 아무것도 없는 듯하다. 멩겔레는 소도시 귄츠부르크의 부유한 가정에서 태어나 철학 교육을 받았다. 집회에서 히틀러에 매료되어 다른 이들처럼 국가사회주의에 사로잡혔고, 철학자의 이력은 잊고 자신의 야심을 의학으로 돌렸다. 그는 우월함이 유전자에 새겨진 새로운 선민選民 아리안 인종을 보존하는 일에 참여하려고 몸이 달았다.

멩겔레는 어떻게 할지를 몰랐지만 그의 역할을 잘 이해하도록 도와준 사람이 있었다. 바로 유전 생물학 및 인종 위생학 연구소에서 전 세계적으로 명성이 자자했던 독일 우생학의 거장 오트마르 폰 페르슈어 교수였다. 멩겔레는 그의 조교가 되었다. 1937년 이 우생학자는 '유전적으로 병들고 가치 없는 사람들의 재생산 제한을 목표로 한 사회적 위생 실천'에 대해 이야기했다. 제자는 멘토의 가르침에 귀를 기울였다. 이 교훈을 멩겔레가 유덴람페 선별

때 적용했다. '가치 없는' 사람들로 혼잡해지지 않도록…….

페르슈어는 전쟁 후에 멩겔레와 주고받은 모든 서신들을 신중하게 없애 버렸고, 아우슈비츠에서 일어난 일들은 전혀 모른다고 맹세했다. 그렇지만 연구를 위해 멩겔레가 힘러의 후원은 물론 도이치 학술협회로부터 장학금을 받도록 한 사람은 바로 그였다. 아우슈비츠에서 우편을 담당했던 수감자들은 페르슈어가 이끈 베를린 인종 생물학 연구소에 멩겔레가 매우 정기적으로 보고서들을 보냈다고 했다. 아무리 스승이 제자를 부인한다 해도 멩겔레에게 쌍둥이에 대한 관심을 물려준 사람은 페르슈어였다.

당시 과학적인 면에서 쌍둥이는 유전의 전능함을 증명해 주는 이상적인 모델처럼 보였다. 유전학적인 면에서 완전히 동일해서 (적어도 일란성 쌍둥이의 경우) 육체적·정신적으로 같은 특성을 보이는 인간보다 더 나은 것을 꿈꿀 수 있겠는가? 더욱이 인구학적인 관점에서 볼 때, 만약 멩겔레가 쌍둥이의 '비밀'을 찾아낸다면 독일은 두 배나 빠르게 세계를 지배할 것이다!

동부 전선에서 얻은 부상과 인맥의 개입으로 멩겔레는 쌍둥이의 미스터리를 간파하고 말겠다는 당치도 않은 꿈을 가지고 1943년 5월 아우슈비츠에 철십자와 함께 도착했다. 그러나 그의 꿈을 실현하려면 현실부터 돌봐야 했다. 먼저 클라인 박사의 조교로서, 그리고 수석 의사로서 멩겔레의 주 업무는 새로 도착하는 수감자들을 분류하는 일이었다. 한 생존자의 표현과 같이 그는 '사냥개

처럼' 즉각적인 죽음을 맞이할 사람들을 마지막 하나까지 수풀에 내몰며 자신의 일을 했다. 역겨운 직업의식을 가진 그를 밤낮으로 '경사로'에서 볼 수 있었다.

왜 그토록 작업에 열심이었을까? 일상이 항상 흥미로운 것은 아니었지만 가끔 (그의 또 다른 가증스러운 집착의 대상인) 난쟁이 가족과 쌍둥이들이 도착하는 순간은 박사에게 기쁨의 순간이었다. 쌍둥이들은 등록번호와 별 외에도 독일어로 '쌍둥이 zwilling'를 뜻하는 'ZW' 견장을 새롭게 달았다. 이 잘생긴 의사는 확실히 소장 정신을 가지고 있었다. 어느 날 박사는 꼽추인 남자가 발 한쪽이 기형인 아들과 함께 기차에서 내리는 것을 보았다. 그는 이들의 해골을 베를린 인류학 박물관에 보낼 생각을 했다. 그래서 총으로 그들을 처형한 다음, 200리터들이 큰 통 2개에 넣어 끓인 뒤 포장해서 보내 버렸다.

일단 기차 옆 분류가 끝나고도 죽음의 천사에 대한 공포는 그리 멀어지지 않았다. 의무실에서도 위험이 떠나지 않았다. 의사는 계속해서 글자 그대로 지시를 적용했다. "쓸모없는 수감자들로 수용소를 혼잡하게 하지 마라." 병자들이 의무실을 가득 채우는 일 역시 피해야 했다. 어차피 가스실에서 죽을 병자들을 치료해 뭐하겠는가. 그래서 멩겔레는 병자들의 침상에서도 선별 작업을 했다. 그가 들어오면 다들 공포에 사로잡혔다. 왼쪽, 오른쪽을 가리키는 그의 손짓 하나만으로 죽음이 닥친다는 것을 알고 있었다. 가슴을 똑바로 펴고, 뭐든 손에 잡히는 것을 사용해 인위적으로 뺨을 붉게 하고, 신의 눈길이 머무는 몇 분 동안 버티려고 애썼다.

말수가 적었던 멩겔레는 생존자들의 말처럼 '사신의 눈', '야만인의 눈', 가혹한 시선으로 경멸하듯이 아래위로 그들을 훑어보았다. 일부는 그의 화장수 냄새와 청결함에 대한 집착, 넋 나감(그는 악마와 말을 했다고 한다), 그리고 잔인함을 기억했다. 다시 그가 줄을 세웠다. 왼쪽, 오른쪽……. 모두들 왼쪽을 가스실로 가는 편도 티켓으로 알았지만 멩겔레는 도박사였다. 그래서 가끔 선별이 끝나고 왼쪽 줄에 지명된 사람들이 자신들의 종말을 예감하고 있을 때 "이번에는 오른쪽"이라고 결정을 내리기도 했다!

그는 폭군이었다. 자신에게는 뭐든 허락했지만 남들은 아무것도 봐주지 않았고 언제나 다른 의사들(대부분 그들도 수감자들이었다)의 무능함을 비난했다. 한 의사의 이야기에 따르면 멩겔레가 "수감자들의 대기 줄이 긴 것을 보고 화가 나서 의무병들이나 페놀(석탄산)을 주사하는 일을 맡은 수감자들에게 어떻게 하면 더 빨리 놓는지를 보여 주려고 주사기를 들었다"고 한다. 그는 아무 말도 없이 벌처럼 빠르게 주사를 놓았다.

죄수들 중에 임산부들이 있었다. 도착할 때 임산부였던 사람들은 이미 가스실에서 죽었다. 유대인 두 목숨을 단번에 제거하는 것이니 횡재였다! 수용소에서 임신을 알게 된 임산부들의 경우에는 두 가지 가정(假定)이 있었다. 멩겔레가 제정한 규칙에 따르면

두 가지 '기회'였다. 첫 번째는 죽이는 것이다. 아기를 출산하고 둘 다 가스실로 보낸다. 두 번째는 어머니를 살린다. 아기는 사산된다. 수감자들은 금방 이해했다. 어머니를 살리려면 아기를 희생시켜야 했다. 임산부는 자궁 수축이 시작되면 숨어서 출산했고 다른 수감자들의 보호를 받았다. 신생아는 즉시 살해됐다. 그 경우 산모의 목숨은 살려 주었다.

이 끔찍한 연출에 참여한 수감자들은 다시는 기력을 회복하지 못했다고 많이들 증언했다. 멩겔레로 말할 것 같으면 분노 발작을 제외하고는 수용소에서 티푸스를 걱정할 때와 마찬가지로 자기 일에서 즐거움을 찾는 듯했고 명랑했으며 걱정이 없었다.

만약 무보수 노동자들이 전염병으로 대량 학살되면 힘러에게 무능한 사람으로 보이지 않을까? 멩겔레는 전염병의 큰 폐해를 알았고, SS도 이 병을 특히나 걱정했다. 10여 명의 여자들이 같은 증상으로 의무실에 왔다. 성홍열로 밝혀졌고 멩겔레가 이 사실을 알게 되었다. 그날 밤 환자들과 접촉했을지도 모르는 1,500명의 여자들이 처형되었다. 악을 뿌리부터 뽑은 것이다. 전염을 초기에 저지하는 극단적인 방법이었다!

넋이 나간 멩겔레는 정신이 딴 곳에 있었다. 그는 제3제국이 천 년을 가지 않을 것을 느끼고는 광적으로 절박하게 무언가를 찾았다.

쌍둥이들은 어떻게 됐을까? 일단 선별되고 나면 멩겔레가 실험 대상자를 '사육'하는 특별 막사로 난쟁이, 쌍둥이, 온갖 종류의 기형을 가진 개인들이 보내졌다. 그들은 특별 대우를 받아 좋은 식사를 제공받았고 '실험'이 시작될 때까지 머리카락을 보존해도 되었다. 의사의 손아귀에 들어간 사람들 가운데 보기 드물게 생존한 두 자매가 막사에서 일어난 일들을 이야기해 주었다.

실험실 같았어요. 먼저 우리의 몸무게를 달고 측정한 뒤 비교했습니다. 측정해서 비교하지 않은 부위가 없었어요. 세세하게 모두 알고 싶어 했습니다.

두 여성은 멩겔레가 매우 꼼꼼하고 까다롭게 모든 것이 '깨끗하고, 깨끗하고, 깨끗하길' 바라며 수술의 거의 대부분을 직접 하고 싶어 했다는 사실을 강조했다. 비록 흰 가운을 입은 노스페라투 Nosferatu[•] 가 자신의 지적 욕구를 채우기 위해 쌍둥이에게서 상식을 벗어난 양의 혈액을 채취할 때조차 말이다. 그들은 마지막에는 피를 너무 많이 뺀 나머지 채혈을 해도 더 이상 아무것도 나오지 않았다고 회상했다.

집시, 쌍둥이, 난쟁이…… . 그들에 대해 모두 기록하고 그림을

[•] 독일의 무르나우 감독이 만든 최초의 드라큘라 영화 〈노스페라투〉의 주인공. 여기서는 멩겔레를 비유했다.

그리고 보존하고 분류했으나 쓸데없는 일이었다. 잘생긴 의사는 연구자가 아니었다. 아무것도 발견하지 못했다. 쌍둥이의 비밀은 언제나 그를 피해 갔다. 더 멀리 나아가야 했다. 불쌍한 실험 대상자들을 관찰하면서 찾아내지 못한 것을 어쩌면 그들의 장기를 분석하면서 발견할지도 몰랐다. 그러기 위해서는 해부해서 분석해야 했으므로 죽여야 했다. 멩겔레는 혼자서 부검할 능력이 되지 않았다. 그는 이 작업을 포로로 있던 미클로스 니즐리 박사에게 맡겼다. 니즐리 박사는 여러 가지 끔찍한 장면들 중에서 다음 내용을 보고했다.

해부실 옆에 있는 작업실에서 울며 대기하고 있는 14명의 집시 쌍둥이들을 SS들이 지키고 있었다(대략 자정 즈음이었다). 멩겔레 박사는 단 한마디도 하지 않고 10cc와 5cc 주사기를 준비했다. 그는 한 상자에서 에비판^{evipan}•을 꺼내고 다른 상자에서 2cc 유리 용기에 든 클로로포름을 꺼낸 뒤 수술대 위에 놓았다. 그리고 첫 번째 쌍둥이가 들어왔는데…… 열네 살 소녀였다. 멩겔레 박사는 나에게 소녀의 옷을 벗기고 해부대 위에 눕히라고 명령했다. 그는 소녀의 오른팔 정맥에 에비판을 주입했다. 소녀가 잠들자 그는 손으로 소녀의 좌심실을 찾아 클로로포름 10cc를 주입했다. 약하게 경련

• 수면제 메틸헥사비탈의 독일 상품명. 초단시간에 작용해 마취를 신속하게 유도한다.

하다가 죽은 소녀를 멩겔레가 시체실로 보냈다. 같은 방법으로 그 날 밤 쌍둥이 14명을 모두 죽였다.

멩겔레는 해부실에서 몇 시간을 보냈다. 그는 언제나 탐구했고, 신선한 인간의 살을 박테리아에게 먹이거나, 동시에 죽은 쌍둥이의 몸에서 정확하게 어떤 일이 일어나는지 관찰하는 등 아이디어가 고갈되는 적이 없었다. 쌍으로 쌍둥이들의 시신을 수령한 니즐리 박사는 놀라움이 먼저였다.

전 세계 의료 과학사에서 유일무이한 일이 이곳에서 일어났다. 쌍둥이 형제가 동시에 함께 죽은 것이다.

이 일은 이렇게 일어났다. 어느 날 천으로 덮인 두 살 된 사내아이 둘이 들것에 실려 왔다. 시신을 부검하면서 니즐리 박사는 아이들의 심장에서 구멍을 발견했다. 그는 깨달았다. 멩겔레가 직접 자기 손으로 그들의 심장에 클로로포름 주사를 놓았다는 것을. 나는 자기를 바라보는 두 살 된 아기의 가슴에 주사 바늘을 꽂는 사람을 상상할 수가 없다.

불행하게도 쌍둥이가 의사의 유일한 연구 주제는 아니었다. 난쟁이들 역시 해당되었다. 멩겔레는 열등한 인종을 통해 매개되는 유전자 이상이 성장 장애에 반영된다고 생각했다. 쌍둥이들처럼 난쟁이들도 강제수용소에서 가능한 한 좋은 대우를 받았다. 좋은 잠자리를 제공받고 좋은 음식을 먹었다. 남자 수용소 14번 막사. 그들은 머리카락을 밀지 않아도 되었다. 그들 중에 재능 있는 음악가 가족인 오비츠 가족은 난쟁이가 7명이었다. 멩겔레는 이들에게서 척수, 혈액, 치아, 살갗, 머리카락 샘플을 채취했고, 고관들이 방문했을 때 나체로 행진하게 했으며, 자신이 좋아하는 곡조를 연주하게 했다. 기적적으로 이들은 살아남았다.

멩겔레는 위생 조건이 매우 안 좋을 때 발생하는 또 다른 질병인 수암水癌에도 관심을 가졌다. 수암은 소아와 청소년의 얼굴을 몇 주 만에 흉측하게 만드는 끔찍한 질환이다. 얼굴 한가운데에 구멍이 크게 생긴다. 피부, 근육, 입술, 턱……. 모든 것을 죽을 때까지 조금씩 갉아먹는다. 아우슈비츠에서는 집시들이 수암에 가장 많이 걸렸다. 멩겔레에게 그것은 우연이 아니라 집시들 모두가 얼마만큼 걸렸다고 확신하는 매독과 함께 유전자 결정론의 표시였다.

눈 색깔 역시 그의 궁금증을 불러일으켰다. 파란 눈, 아리안 인종의 눈은 어째서 그토록 드문 걸까? 그는 금발에 갈색 눈인 아이들 30여 명을 선별하여 어떻게 되나 보려고 눈에 청색 염료 메틸렌블루를 주사했다. 그리고 증거라고 할 만한 그 결과들을 베를린에 있는 페르슈허의 인종 생물학 연구소에 넘겼다. 의사의 조교는 홍채 이색증•을 보이는 8명의 집시 아이들에게서 눈을 적출해 표본병에 담아 베를린 연구소로 보내라는 명령을 받았다고 회상했다. 그중 한 명이 이런 처치에서 살아남아 안구 적출을 피했는데, 이를 눈치 챈 멩겔레가 조교에게 소리를 질렀다. "자네는 내게 눈 일곱 쌍만 주었어. 눈 2개가 부족해!" 조교는 그날 당장 보내야만 했다.

하지만 사냥꾼은 실패했다. 모든 서류, 쌓인 보고서, 표본병과 샘플들을 비르케나우에 있는 접근이 엄격히 금지된 방에 보관했다. 이는 과학을 위한 것이었고, 뭔가 발견된다면 멩겔레가 공개 구두심사를 받길 원했던 교수 자격 논문을 위한 것이었지만, 그는 아무것도 찾아내지 못했다. 소련이 강제수용소를 해방시켰을 때 그들은 더 찾아내지 못했다. 방은 비어 있었다. 베를린 연구소에 있던 서류들 역시 대부분이 그 위험한 기록들과 함께 사라졌다. 멩겔레도 사라졌다. 사냥꾼은 자신의 흔적을 은폐하고 떠났다.

• 　일명 오드 아이odd eye. 양쪽 눈의 색깔이 다르다.

11장

나는 나쁜 짓은 하지 않았다

멩겔레를 추적하다

리우그란데두술의 산타로사. 나처럼 축구를 사랑해야 이름을 들어 봤을 것이다. 브라질의 국경도시인 이곳은 1994년 월드컵 대회 때 브라질에 기념비적인 승리를 안겨 준 전설적인 골키퍼 클라우디오 타파렐이 태어난 곳이다. 요제프 멩겔레가 오랫동안 몸을 숨긴 은신처이기도 하다.

　파라과이와 아르헨티나의 국경에 접해 있는 이 지역은 다년생 초록 풀들이 숨 막히게 무성한 아마존 정글 속에 숨어 있었다. 온갖 종류의 밀매, 특히 마약 밀매로 도주 중인 비밀스런 범죄자들과 환상적이거나 혐오스러운 외양을 지닌 사나운 동물들로 가득했다. 이 지방의 희귀한 것들 중에 인간 괴물 요제프 멩겔레도 셈에 넣어야 한다. 리우그란데두술은 이 아우슈비츠 의사의 마지막 은신처였다. 온갖 범죄자들을 위한 평화의 안식처였을 뿐만 아니라 멩겔레에게는 잃어버린 천국의 모습을 하고 있었다. 왜냐하면 큰 규모의 독일 이민 사회가 집결한 곳인 동시에 세계 최고의 쌍둥이 밀집 지역이었기 때문이다(어쩌면 전적으로 우연만은 아닐 것이다. 다시 언급하겠다).

이 에덴 동산에 오기까지 멩겔레는 지옥들을 피하면서 악마와의 내기에 한 번 이상은 자기 머리를 걸었다. 1945년 1월 붉은 군대가 아우슈비츠 강제수용소를 해방시키러 오기 며칠 전 가까스로 도주한 그는 서류들을 거의 없애 버렸지만, 시작했으나 끝마치지 못한 실험 대상자들을 800명 가까이 남겨 두었다. 그중 겨우 80명이 봄까지 살아남았다. 이들의 사형집행인은 별 어려움 없이 고향 바이에른까지 갈 수 있었다. 운명의 아이러니처럼 나치 의사들에 대한 재판이 뉘른베르크에서 시작됐을 때 죽음의 천사는 그곳에서 100여 킬로미터 떨어진, 지금으로 치면 겨우 두 시간 거리인 작은 별장에서 아내와 아이들과 함께 태연하게 살고 있었다.

지역 세도가였던 멩겔레 가문은 평판이 좋았고 각자의 생활로 돌아가기를 갈구했다. 실험 중의 잔학행위는 아직까지 그리 알려지지 않아서 의사를 불안하게 하는 것은 아무것도 없었다. 더구나 멩겔레의 인생은 쌍둥이에 대한 열광과 설명하기 어려운 행운이라는 두 가지 특징이 두드러진다. 이 쓰레기는 특별한 데다 재생까지 되는 피부를 타고났는데 실망스럽지만 적어도 생각해 볼 만한 문제다. 모든 SS들은 팔에 혈액형을 문신했으므로 식별이 가능했으나 멩겔레는 이런 표시가 사라져 깨끗했고 과거의 어떤 흔적도 지니고 있지 않았다.

또 다른 행운의 예를 보자. 멩겔레 조사를 담당했던 전쟁범죄국이 당시 멩겔레보다 더 중요하다고 여긴 그의 스승 오트마르 폰 페르슈어를 체포하는 바람에 멩겔레는 보류되었다. 현재 우리는 멩겔레의 실험들이 페르슈어의 엉뚱한 생각들보다 더 큰 범죄라는 것을 알고 있다. 이를 몰랐던 법정은 헛것을 잡으려다 진짜를 놓쳤다. 이것이 마지막이 아니다. 위태로운 순간이 올 때마다 멩겔레는 최후의 순간에 거의 믿기지 않도록 급변하는 사건을 통해 도망쳤다. 전쟁이 끝난 직후에 뉘른베르크 재판을 피했다면, 1960년대에 역시 같은 일이 있었다. 이스라엘의 비밀 기관이 멩겔레를 체포하기 직전이었는데 며칠 전 그가 떠난 것이다. 이 괴물은 정말 운이 좋았다.

그렇지만 가끔은 동창이던 알베르트 뮐러 부부를 멩겔레가 방문했을 때처럼 회한의 그늘 또는 발각될 것에 대한 염려가 멩겔레에게서 엿보이기도 했다. 다음은 멩겔레의 주요 전기 작가인 제랄드 아스토르의 책"에 등장하는 장면이다. 이 장면은 뉘른베르크에서 80킬로미터 떨어진 바이에른 주 도나우뵈르트에서 한창 재판이 열리던 중에 펼쳐진다. 뮐러 부인이 문을 열기 위해 일어섰다.

"멩겔레 박사님, 안녕하세요?" 그는 내 인사에 놀란 것처럼 보였다. 곧이어 남편과 대화를 나누더니 이렇게 말했다. "나에 대해서 자네가 듣게 될 모든 것은 다 거짓말일 뿐일세. 한마디도 믿지 말게. 난 나쁜 짓은 전혀 하지 않았네."

멩겔레에게 양심이 있었는지 여부와 마찬가지로(나쁜 짓은 전혀 하지 않았다니 도대체 나쁜 짓이 그에게는 어떤 의미였을까?) 그의 친구가 바보인지 나는 모르겠지만, 나치주의의 주역이었던 사람이 재판이 열리고 있는 지방에 걱정 없이 다녀올 수 있었다는 것은 있을 수 없는 일이다! 다행히 전쟁의 혼돈이 희미해지면서 그가 독일에서 처벌을 받지 않고 사는 것은 점점 어려워졌다. 1949년 마침내 그는 망명해야만 했다. 아리안 인종의 선봉에게는 분명 창자가 끊어지는 아픔이었겠지만 그 아픔은 오래가지는 않았다.

소설 같은 우여곡절을 겪으며 바티칸에서 독일 교회 주임 사제인 알로이즈 후달의 도움으로 완전히 새롭게 태어난 헬무트 그레고르는 노스 킹 호를 타고 조용히 여행한 끝에 1949년 6월 20일 부에노스아이레스에 도착했다. 중간 키에 근심스러운 눈으로 심오해진 둥근 얼굴과 기이한 턱을 지닌 그레고르는 멩겔레와 쌍둥이처럼 닮았다. 이 둘을 연결 지어서 살피는 것은 세관 직원의 일이 아니었다. 특히 페론이 정권을 잡은 아르헨티나에서는 말이다.

페론의 정부는 대외적으로는 중립을 내세웠지만 나치의 전직 고관들과 자본을 맞아들이는 일은 문제 되지 않았다. 멩겔레도 예외는 아니었다. 그가 도착했을 때 도시는 이미 망명한 유명 인사들을 보호해 주고 있었다. '리가의 도살자' 에두아르트 로슈만과 아르데아티네 동굴 학살의 책임자인 에리히 프리프케에 이르기까지 그레고르의 주위에는 사람들이 많았다. 나치 십자가 팀을 완성하기 위해 1년 뒤 아이히만도 도착했다.

부에노스아이레스는 6월에도 겨우 평균 16도밖에 안 되었고 습도도 견딜 만했다(모든 여행 가이드가 이곳을 방문할 가장 좋은 시기라고 이구동성으로 말할 것이다). 그럼에도 그레고르는 땀을 흘리고 있었다. 갈매기, 생명, 소음, 냄새로 가득하리라 짐작되는 항구에서 세관원들이 서류에 따르면 '기술 정비공'인 이 사람에게 가방 내용물이 무엇인지 물어보고 있었다. 가방에는 노트와 생체 샘플, 인간의 혈액이 든 샘플도 있었다. 아마 질문을 했을 테지만 멩겔레는 당연히 알아듣지 못했고 스페인어로 세 마디 웅얼거렸을 뿐이다.

그의 미래는 세관원들의 결정에 달려 있었다. 아우슈비츠에서 주의 깊게 실험 대상자와 바로 죽여 버릴 사람을 선택하는 기쁨을 누리던 그가 이번만은 조사 대상의 자리에 서게 되었다. 세관원들은 유심히 살펴보며 중얼거렸다. 국제적십자가 발행한 여권에는 하자가 없었다. 세관원들은 그에게 그냥 가라고 손짓했다. 안도의 한숨, 구두 굽 소리와 함께 죽음의 천사에게 새로운 인생이 열렸다.

그는 곧 사교계 인사가 되었다. 불결한 호텔에서 몇 달을 지낸 그레고르는 부유한 독일계 부부인 말브란크의 집에서 살게 되었다. 말브란크는 대서양 독일 은행의 은행장으로 전쟁 동안 아르헨티나로 송금한 나치 자금의 혜택을 입었다. 덕분에 멩겔레는 그 지역에 정착한 나치 명사들과 모두 만나게 되었다. 헬무트 그레고르는 다시 멩겔레 의사가 되어 자신의 세계를 꾸며 내고 촘촘하게 베를 짜면서 아이들을 위한 교육 놀이 상점을 열 수 있게 되었다.

열정은 그를 떠나지 않고 남아 있었다. 그는 거의 알지 못하는 아들 롤프를 비롯해 독일에 남은 가족들 역시 잊지 않았다. 영혼까지 의사였던 그는 의술을 행할 수는 없었지만 이웃은 물론이고 현지 제약회사 원더Wonder의 고위직들과 어쩌면 더 상층부에까지 조언을 아끼지 않았다. 페론 대통령에 대해 토마스 엘로이 마르티네즈 기자가 보고한 증언은 정말이지 어리둥절하게 한다.

1970년 9월 어느 날 아침, 페론이 열광하며 내게 누군가에 대해 말했다. 제2차 세계대전 동안 유전학 전문가로 활동했던 어떤 사람이 자주 올리보스 대통령 관저로 와서 자신이 발견한 것들에 대한 이야기로 기분 전환을 시켜 준다는 것이었다. 페론은 덧붙였다. "어느 날 그 남자는 파라과이 사육자가 가축 떼를 개량하려고 자신을 고용해서 휴가를 냈다는군. 거액을 주겠다고 했다지. 그는 내게 티그르와 가까운 언저리에 소유한 축사 사진을 보여 주었어. 그곳의 소들은 모두 쌍둥이들만 낳았다네." 나는 그에게 그 마법사의 이름을 물어보았다. "기억이 잘 안 나는군. 당당한 풍채를 가진 바이에른 사람이었다네. 교양 있고 조국을 자랑스러워했지. 잠깐 만…… 내가 틀린 게 아니라면 이름이 그레고르일 거야. 그래, 맞 아. 그레고르 박사였어."[12]

기억이란 종종 까다롭기 마련이어서 나는 아르헨티나 수반의 말을 간단히 믿어 버리는 일은 경계하려고 한다. 그렇지만 1954 년 멩겔레가 형식에 맞는 정식 서류를 얻었음을 인정할 수밖에 없 다. 여행이 가능해지자 그는 스위스로 가서 아들을 만나고 얼마 전에 죽은 형제의 아내를 유혹했다. 곧 아내 이렌과 공식적으로 이혼한 그는 1956년 7월 25일 우루과이의 누에바 헬베시아에서 마르타 마리아 빌과 결혼하면서 처음으로 자신의 진짜 이름으로 모든 서류에 서명을 했다.

요제프 멩겔레로 돌아와 1958년 결핵약을 전문으로 제조하는 파드로 팜의 주주가 되었다. 멩겔레는 낮에는 정직한 남편으로 살 면서 시간을 유용하게 썼고, 초콜릿을 조금 과하게 좋아했으며, 모든 사람들이 보기에는 치명적인 질병을 퇴치하는 일을 절도 있 게 도와주는 보통의 자선가였다. 밤에는 완전히 달랐다. 멩겔레는 그늘 속 영웅으로 변신하여 낙태를 시켜 주며 몇몇 여성들의 절 망을 덜어 주었다. 고귀한 대의라고 하기에는 미묘하다. 멩겔레 의 인생에서 이 시기가 잘 알려진 이유는 수술 중 의사가 손을 잘 못 놀려 사망한 한 처녀의 죽음을 경찰이 조사한 덕분이다. 사실

1958년부터 멩겔레는 프랑크푸르트 대학 아카데미 위원회가 그의 학위를 취소했기 때문에 합법적으로 의술을 행할 수 없었다.

멩겔레는 부패한 경찰에게 거액을 써서 이 사건에서 빠져나갔지만 독일에서는 정의가 작용하고 있었다. 국제 아우슈비츠 생존자 위원회는 단호하게 그를 집단 학살로 고발했다. 먼저 인내와 더불어 보고 겪은 잔학행위를 밝히기 위해 필요한 용기가 유일한 무기였던 생존자 위원회가 범죄인 인도 요청을 얻어냈다. 멩겔레는 집단 학살로 기소당했으면서도 공식적으로 자신의 박사학위를 박탈한 의사협회의 결정에 이의를 제기했다. 이는 오만함의 표시인 동시에 현실주의의 증거였다. 사실 멩겔레는 기소가 절대로 남미까지 미치지 못한다고 믿고 있었다.

그는 틀리지 않았다. 더러운 놈들에게도 행운은 있는 모양이다. 멩겔레에게는 수호천사가 둘이었다. 하나는 사소한 행정 서류를 제공하는 데에도 1년 이상 악의적으로 질질 끄는 지역 행정기관이었다. 덕분에 멩겔레는 짐을 싸서 흔적 없이 아르헨티나를 떠날 시간을 벌었다.

다른 하나는 아이히만이었다. 600만 명을 몰살시킨 최후 해결책의 시초였던 이 행정관은 멩겔레와 같은 길을 걸었다. 국제적십자 여권, 이탈리아 화물선 2등칸, 아르헨티나로 비밀리에 도착, 늙어 가는 전직 나치 고관들 사이에서의 비현실적인 인생, 제4제국이라는 괴물 같은 꿈과의 대화, 은퇴 클럽을 점점 닮아 가는 모임.

아이히만과 멩겔레는 또 다른 공통점이 있는데 바로 이스라엘의 비밀 기관에 쫓기고 있었다는 점이다. 1960년부터 요원 6명이 끈기 있게 잠입해 기회를 엿보며 몰래 감시하고 도청하고 정보를 모았지만 그들은 임무의 우선순위를 잊어선 안 되었다. 먼저 아이히만부터 체포하고 멩겔레는 그다음이었다.

아이히만 추격은 성공했지만 신중함이 부족했다. 이 소식이 너무 빨리 알려져서 나치 사회가 조직을 정비할 시간을 준 것이다. 장군을 잃은 전직 대위에서부터 부패한 현직 지역 군인들의 손을 거쳐 멩겔레는 새로운 여권과 신분을 얻었다. 요제프 멩겔레가 다시 한 번 증발하고 이번엔 알프레도 마옌이 게르만 식 억양을 쓰는 사랑스러운 마을인 파라과이의 호헤나우에 정착했다.

19세기 말 작센과 드레스덴에서 온 이민자들이 인구의 대부분을 차지한 이 지역은 작은 독일의 모습을 하고 있었다. 거리 이름은 고트어로 적혀 있었고 여러 주택의 박공에는 독일 연방 공화국의 깃발이 나부꼈다. 공공장소든 사적인 장소든 가장 많이 말하는 언어는 고트어였고 프랑크푸르트와 똑같은 축제들을 즐겼다. 망명자들과 그들의 후손으로 구성된 모든 공동체가 그렇듯 민족 감정이 격앙되어 있었다. 간단히 말하면 그곳에는 별 어려움 없이 귀화한 요제프 멩겔레의 조용한 은퇴를 위한 모든 것이 갖추어져 있었다. 그럼에도 아우슈비츠의 사형집행인은 행복하지 않았다. 호헤나우의 시장이 어떻게 묘사했는지 보자.

당연하지요! 나는 멩겔레 박사가 알반 크루그를 위해 일하기 시작했던 1960년 즈음에 그를 알게 됐습니다. 몇 년 동안 그를 이웃으로 두어 기뻤어요. 그는 자신을 '피셔 박사'라고 부르게 했습니다. 매우 기품 있는 신사였고 언제나 잘 차려입었으며 행동이 고상했어요. 사람이나 동물이 병에 걸리면 치료하려고 서둘렀습니다. 나는 그가 베란다에 앉아 비올라를 연주하던 모습을 기억합니다. 독일어로 고국의 노래들을 불렀어요. 노래를 부르며 고향 땅이 기억났는지 그는 울었습니다.[13]

알프레도 마옌의 애수는 어디에서 온 것일까? 그가 희생자들을 선별하고 처형장으로 보내는 동안 특별히 그들의 곡을 연주하도록 한 아우슈비츠의 음악가들이 향수와 함께 떠오른 걸까? 어쩌면 그는 지나가는 시간의 무게와 더불어 아우슈비츠에서부터 자신을 따라와 여전히 트렁크 안에서 기다리는 대작大作의 불확실한 미래를 느꼈을지도 모른다. 그의 발견(그는 자신이 발견을 했다고 확신했다)이 아무 데에도 쓰이지 않고 자신과 함께 남미의 오지에서 기억 속에 사라질까 봐 걱정했던 것일까? 어쨌거나 그는 망명 기간 내내 쓴 일기에서 자신의 행동을 후회하지 않는다고 증언했다. 그는 1973년 전직 군수장관인 알베르트 슈페어에 대해서는 이렇게 썼다.

그가 비굴해지고 회한을 내비쳐서 유감스럽다.

멩겔레가 누린 특히나 좋은 신체 조건으로 볼 때 쉰은 너무 늦은 나이가 아니었다. 그는 곧 의술을 다시 시작했다. 1963년부터 그는 국경 너머 브라질의 농경 지역인 칸디도 고도이로 자주 여행을 떠났다. 그곳에서 수의사 루돌프 바이스라는 가명으로 가축을 살펴보고 별로 양심적이지 않은 주인들에게 결핵 백신을 금값에 팔았다. 정직함이 결여된 그들에게 안심하고 자신이 비밀로 간직한 기적의 치료약을 말해 주기도 했다. 인공수정을 할 줄 아는 데다 쌍둥이 출산의 수를 늘려 가축을 증가시킬 수 있다는 것이다. 더 가까운 사람들과 순진한 사람들에게는 그 재능이 가축에만 한정되지 않는다고 털어놓았다.

그리하여 한동안 칸디도 고도이에서는 존 카펜터의 영화에 비견될 환상적인 사건들이 벌어졌다. 쌍둥이 출산이 어찌나 증가했는지 표준 비율이 2퍼센트인데 33퍼센트에 육박했다. 멩겔레는 이 현상을 관찰하기 위해 온 것일까, 아니면 그가 참여한 것일까?

확실한 것은 쌍둥이들은 그들 차례에서 다시 쌍둥이를 출산하는 경향이 있으므로 이 도시는 기록 보유를 자랑하며 세계적이고 유일한 쌍둥이 축제를 개최할 수 있다는 점이다. 최근 낭트 대학 연구자들이 이 문제에 관심을 가졌지만 만족할 만한 설명을 끌어내지는 못했다. 마을 주민들은 물에 기적의 성분이 있다고 말하길 좋아했고, 그 결과 유일하게 사실로 증명된 것은 그렇게 멀리 떨어진 땅까지 이 빌어먹을 마을을 관찰하려고 관광객들이 몰려들었다는 점이다.

아무도 감히 멩겔레의 작품이라고 보진 않았다. 그의 이름이 회자된 경우는 그가 단지 이 현상을 관찰하기 위해 칸디도 고도이에 왔을 것이라고 말하기 위해서였다. 불가능한 설명도 아니다.

멩겔레, 그는 자신의 비밀을 브라질 베르지오가 해변의 물속으로 가져가 버렸다. 1979년 해수욕을 하다가 심장마비가 와서 익사함으로써 마지막으로 증발해 버린 것이다.

12장

마이너스 인구

카를 클라우베르크

| 카를 클라우베르크 Carl Clauberg(1898~1957) **|**

1933년 나치당에 입당한 후 쾨니히스베르크 대학의 산부인과 교수로 임명되었다. 1942년 여성을 집단적으로 불임시킬 기회를 달라고 상부에 요청하고 그해 겨울 아우슈비츠 강제수용소로 배속되었다. 그의 연구소가 된 10번 막사에서 유대인 여성들의 자궁에 마취제 없이 포르말린을 주입했다. 1945년 라벤스브뤼크 강제수용소에서 체포되어 25년형을 선고받았으나 7년 후 독일과 소비에트의 협정에 의해 풀려났다. 이후 생존자들의 격렬한 항의로 1955년 다시 체포되어 재판에 회부되었다. 재판이 시작되기 전 감방에서 심장마비로 죽었다.

작지만 다부진 체격에 티롤 모자를 쓰고 강한 바이에른 억양을 쓰는 카를 클라우베르크는 적어도 옷차림 방식에서만큼은 기이한 사람이었다. 외모는 둥글둥글하고 순박해 보였으며 평안하고 느긋해 보였으나 근심이 많았다. 둥근 얼굴과 함께 찌부러진 두개골, 가늘고 듬성듬성하게 난 머리카락, 얇은 입술과 이중턱을 가진 클라우베르크는 늙어서 쭈글쭈글한 젖먹이처럼 보였다.

근심 어린 표정의 이 남자는 인생에 복이 있을 법도 했지만 그렇지 못했다. 평범한 계층 출신으로 꽤 우수하게 의학 공부를 시작하기 전, 그는 제1차 세계대전 동안 보병으로 군에 복무하면서 세계대전의 살육전과 비참함을 겪었다. 모방은 어디에서 시작되었을까? 젖먹이는 그에게 영감을 주었고, 출생의 기적은 그를 매혹시켰다. 성 헤드비히 병원에는 그의 전문적인 손길로 태어난 아기들이 많았다. 학업 성적은 그가 좀 더 '고귀한' 전공을 원해도 될 정도였지만 클라우베르크는 산부인과를 선택했다. 이 분야에서 그는 1930년대 말부터 인정을 받았지만 그의 불쾌한 성격, 그리고 굳이 말하자면 혐오감을 일으키는 외모 때문에 별로 높이 평가받지 못했다.

작은 몸에 큰 머리를 가진 탓에 수감자들에게 '저공비행'이란 별명으로 불린 클라우베르크는 지킬 박사 없는 미스터 하이드였다. 키가 150센티미터인 그는 뉘른베르크 재판의 임상 보고서에서 다음과 같이 묘사되고 있다.

> 지적 탁월함, 체질적 이상, 중대한 성격적 결함들이 잡다하게 모여 만들어진 극도로 부조화스러운 인격임. 자기 자신에 대한 높은 견해, 근본적으로 비이성적이고 조화롭지 않으며 파괴적인 본성, 습관적으로 과도하게 흥분하는 태도 등이 그를 사교성이 없고 위험한 존재로 만들었다.[14]

그래도 몇 년 동안 그는 북北 슐레지엔 산부인과 진료소의 수석 의사였다. 지나치게 똑똑한 동시에 추남 특유의 흥분 잘 하는 자존심을 갖춘 클라우베르크 박사는 아이를 가질 수 없는 선한 아리안 인종을 위한 해결책을 찾고 싶어 했다. 직업 경력의 일부를 생명을 주는 데 헌신했던 그는 더 높은 단계로 가길 원했다. 바로 인종 보존이었다. 그러므로 클라우베르크는 병적인 과학 찬미로 유명한 힘러의 신임을 받는 것에 불만을 품을 리 없었다.

그는 기회를 갖게 되었지만 그것을 혼자만 누리게 된 것은 아니었다.

유럽의 1,000만 유대인들 중에 적어도 200만~300만 명은 일을 할 능력이 있습니다. 노동 문제가 야기하는 엄청난 어려움을 고려한다면 200만~300만 명을 특별히 선택, 보존해야 한다고 생각합니다. 하지만 동시에 그들의 생식이 불가능해져야만 실현이 가능해집니다.

이 편지는 '마이너스 인구'에 정통한 전문가 빅토르 브라크가 힘러에게 보낸 것이다. 과거에 힘러의 운전사였던 그는 힘러의 말을 들어주면서 힘러에게 서민의 상식과 친절은 물론 용기를 찾아주었다. 인류애적인 걱정으로 브라크는 아내를 자기 손으로 직접 죽임으로써 그녀가 죽는 것을 도와주었다. 그는 경제 감각도 지니고 있었다. 제1차 세계대전의 상이군인과 은퇴자, 그리고 장애인을 7만 명 넘게 살해하여(T-4 작전이라고 완곡하게 부른 집단 학살 계획) 제3제국이 전쟁 상여금과 은퇴 연금을 엄청나게 절약할 수 있도록 해준 것은 물론 병원의 침상 역시 많이 비워 주었다. 브라크는 T-4 작전 요원들이 집단 학살에 참여하도록 복귀를 제안하여 자연스럽게 최종적인 해결책에서 일선 역할을 맡게 되었다. 무익한 사람들의 집단 학살 챔피언인 브라크는 제3제국의 존경을 한 몸에 받았고 친위대 상급 지휘관이 되었다.

검은 제복들의 회색물질(뇌)을 뒤흔드는 문제란 제3제국의 정복과 함께 '무익한 자'의 수가 점점 많아진다는 것으로, 브라크조차 그들을 전멸시키는 것은 너무 버거웠다. 공급에 비해 수요가 너무 많았다. 공교롭게도 문제의 해결책은 장애인과 정신병 환자의 불임 수술을 제안한 《나의 투쟁Mein Kampf》*에 길게 설명되어 있었다. 그저 범위를 확대하는 것으로 충분했다.

이 새로운 '하등 인간'을 불임으로 만들면 중세의 페스트처럼 오염될까 봐 두려워하지 않아도 되고, 이들이 지치거나 추위와 배고픔에 평화롭게 죽도록 내버려 두기 전에 일을 시켜서 전쟁 노동력에 참여시키는 게 가능해진다. '최종적'이지 않은 해결책이지만 여기에는 일손 부족과 아리안 제국이 도래하기 전에 제거해야 할 과도한 남녀 수 등 갖가지 부정적인 요소들을 해결해 주는 이점이 있었다. 이제 남은 건 최소 비용으로 집단적 불임을 만드는 방법을 찾아내는 것이다. 이제 시장이 열렸다. 전문가든 아마추어든 가장 뛰어난 사람이 이기는 것이다!

브라크에게는 자원이 넘쳤다. 자신이 경제를 공부한 데다 부친

---

* 아돌프 히틀러가 미수에 그친 뮌헨 폭동으로 유죄 판결을 받고 란츠베르크 교도소에 수감된 동안에 쓴 책이다.

은 의사였다. 브라크는 힘러처럼 과학에 매혹되어 있었는데, 어쨌
거나 과학자로서 건전하다고 하기에는 조금 지나치게 신비주의
에 매혹되어 있었다. 의사 아들이 의사가 되지 못하면 의사와 편
한 관계를 갖는 경우가 드문 법이다. 요컨대 수십만 명을 어떻게
가장 빨리, 가능한 한 효과적으로 그들이 알아채지 못하게 불임이
되게 할 수 있을까?

그 해결책이 브라크에게 있었다. 바로 독일에서 최근에 발견되
어 빌헬름 뢴트겐에게 1901년 노벨상을 안겨 준 X선이었다. X선
은 몸을 투명하게 하는 데 이용되는데 양이 많으면 매우 위험하다
고 알려져 있다. X선을 쬔 세포 조직들은 파괴된다. 보이지도 않고
고통도 없기 때문에 화상이나 암 등의 비극이 발생해야 그 부작용
이 드러난다. 힘러에게 보내는 편지에 브라크는 이어서 썼다.

X선에 의한 거세는 상대적으로 저렴할 뿐만 아니라 매우 짧은 시
간 안에 수천 명에게 실시할 수 있습니다.

1942년 6월 23일 고작 두 달이 지나 힘러는 브라크에게 이 실
험을 시작하라고 요구했다. 첫 시도의 무대로 아우슈비츠가 지
명되었다. 브라크는 이미 1년 전에 힘러를 설득하려고 애썼으나
1941년 여름 내내 러시아의 침략 시도로 그의 시도는 짧게 끝나
버렸다. 계획은 거의 완벽했었다. 실로 최악의 공포 영화나 위대

한 소설이 무색하지 않은 계략을 브라크는 공들여 만들었다.

우체국, 시청, 세무서 또는 어떤 관공서든지 인내하며 자기 차례를 기다리는 게 관례인 장소들을 떠올려 보자. 오늘은 질문지를 작성하기 위해 소환된 불행한 사람들로 대기실이 꽉 차 있다. 자기 차례가 되었을 때 창구 직원이 내민 질문지가 대수롭지 않음을 보고 이들의 얼굴에 안도감이 묻어난다. 자신들에게 닥칠 일이 무엇인지 의심하지 않고 이들은 주어진 질문들에 답하기 시작한다. 그 사이 남자들의 경우 2분 동안, 여자들의 경우 3분 동안 열성적인 직원이 피해자들 모르게 그들의 양 골반 곁에 있는 두 램프를 작동시킨다. 소음도 불빛도 없고 특별한 감각도 느껴지지 않아 몇 분이면 판가름이 난다. X선을 쬔 생식기관은 생식 능력이 사라진다.

얼마나 창의적이고 상상력이 가득한 발상인가! 프리츠 랑•이 부럽지 않다. 이 사람은 대부분의 위대한 독일 영화인들처럼 몇 년 전 히틀러 체제를 떠났다.

브라크는 모두 계산했다. 모두 예견했다. 수익성? 하루에 150~200명을 X선으로 '처리'할 수 있었다. 이런 설비 20개면 하루에 3,000~4,000명은 거세할 수 있다. 비용은? 램프 2개가 달린 장치 하나에 2만~3만 마르크(1만~1만 5,000유로에 해당한다)••로, 공무원

• 독일 표현주의 영화감독.

•• 우리 돈으로 대략 1,300만~2,000만 원에 해당한다.

들을 보호하는 비용도 추가해야 한다.

명석한 브라크는 대상자들이 자신이 거세되었음을 깨닫는 것은 막기 어렵다는 것을 인정했지만 악은 이미 행해졌으므로 중요치 않았다. 들키지 않고 지나갈 수 없는 후유증이나 끔찍한 고통, 엄청난 발열도 중요치 않았다. 안락사와 마이너스 인구 문제에서 섬세한 실행은 필요 없었다. 시간이 없었다. 힘러는 브라크의 계획을 승인했지만 창구나 질문지, 장식 등의 연출을 할 필요는 없었다. 강제수용소 담장이면 실험의 비밀이 보장되는 데 충분했다.

1년 뒤 슈만 박사는 브라크의 명령을 받고 아우슈비츠에서 X선으로 거세하는 실험을 시작했다. 그는 예방 따위는 신경 쓰지 않았다. 뉘른베르크 재판 때 폴란드의 젊은 유대인이 전한 비통한 증언을 들어 보자.

나는 아우슈비츠에서 번호 132.266을 받았습니다. 어느 날 저녁, 20~24세의 유대인들은 모두 사무실로 오라는 명령을 받았습니다. 나는 가지 않았습니다. 수감자 20명이 선별되어 다음 날 의사에게 가야 했습니다. 그들이 돌아왔지만 아무도 자신들에게 무슨 짓을 했는지 알지 못했습니다. 일주일 뒤 20~24세의 다른 유대인 20명이 선택되었습니다. 그러나 이번에는 알파벳순으로 선별했고 내가 첫 번째가 되었습니다. 우리는 비르케나우에 있는 여자들의 노동수용소로 보내졌습니다. 그곳에 키가 크고 공군 제복을 입은 의사(슈만)가 모터사이클을 타고 도착했습니다. 우리는 강제로 옷을 벗고 성기를 어떤 장치 아래에 15분간 두어야 했습니다. 그 장치로 우리의 생식기가 뜨거워졌습니다. 나중에 주변 부위들이 새까맣게 변했습니다.

이 처치 이후에 우리는 곧바로 일을 하러 가야 했습니다. 며칠 뒤 우리 동료들 대부분의 성기가 곪았고 걷기가 매우 어려워졌습니다. 그럼에도 그들은 정신을 잃을 때까지 일해야 했고 기절한 사람들은 가스실로 보내졌습니다……. 2주가 지나자 아우슈비츠 20번 수술실로 데려가더니 그곳에서 우리를 수술했습니다. 등에 주사를 맞았는데 하반신의 감각이 사라졌습니다. 그들은 나의 고환을 제거했습니다. 나는 램프의 거울을 통해 수술의 전 과정을 볼 수 있었습니다.

(……)

내가 울고 있다면 양해를 구하고 싶습니다. 수술하는 동안 의사들은 흰 가운을 입고 있었습니다. X선으로 거세하는 동안 그들 가운데 한 명이 유일하게 제복을 입고 있었는데 회색의 공군 제복이었습니다. 나는 병원에 3주간 머물렀습니다. 우리에게 주어진 식량은 매우 적은 데다 파리와 구더기가 들끓었습니다. 그들은 3주마다 선별을 했습니다. 유대인 명절 동안에는 환자의 60퍼센트를 가스실로 보냈습니다. 선별은 언제나 SS 의사들이 했습니다.

나는 1945년 4월 30일에 미국인들에 의해 해방되었습니다. 매우 낙담했고 거세당한 것이 수치스러웠습니다. 최악은 미래가 없다는 사실이었습니다. 나는 아주 조금 먹었는데도 몹시 살이 쪘습니다. 의사 재판 소식을 듣고 뉘른베르크에 증언하러 오는 것이 내 의무라고 생각했습니다……. 나는 내 이름을 어떤 경우에도 공개하지 말기를 법정에 재차 요청합니다. 왜냐하면 내겐 친구들이 많은데 나의 거세 사실이 부끄럽기 때문입니다.[15]

이 내용은 이 문제를 다룬 거의 모든 저작에서 전해지고 있다. 폴란드 젊은이의 증언은 법정에 있던 사람들을 몹시 감동시켰고, 피고인들조차 자신의 잔인함에 증인을 똑바로 보지 못하고 고개를 돌렸다. 의학적 분석을 담당한 로베르 레비 박사가 설명한 것처럼 수술 이후 역시 끔찍했다.

그들의 상처는 종종 방사선암으로 변했습니다. 방사선 처치의 결과를 검사할 목적으로 현미경 검사를 위해 고환을 제거한 것으로 추정됩니다. (……) 거세된 청년들은 신체적으로나 정신적으로 타격을 입었습니다. 방사선 피부염은 극도로 고통이 심한 질환이어서 그들은 엄청나게 고통을 받았고 정신적으로도 쇠약해졌습니다. 더 이상 남자가 아니라 인간의 잔해였습니다.

여자들의 경우도 나을 것이 없었다. 좀 더 일찍, 16~18세에 조기 출산하는 보헤미안이라면 13세에 불임이 되었다는 것뿐, 구토, 비인간적인 고통, 서글프도록 천인공노할 결과는 언제나 같았다.

이 방법은 인정받지 못했다. 너무 복잡하고 오래 걸려서 나치의 논리에서는 역효과인 것으로 드러났다. 그 정도의 고통과 후유증이면 피해자들이 더 이상 작업을 하지 못한다는 사실이 증언으로도 증명되었다. 브라크의 후임인 블랑켄부르크 박사는 힘러에게 이렇게 썼다.

> 이 방법을 통해 남자들을 거세하는 것은 거의 불가능하거나 비싼 대가를 치르는 수고를 요한다는 점에 특별히 주목해 주시길 바랍니다. 제가 입증할 수 있었듯이 거세 수술은 6~7분을 넘기지 않습니다. 그러므로 X선에 의한 거세보다 확실하고 빠른 방법으로 실행할 수 있을 것입니다.

메스만 한 것이 없었으므로 방사선 파티는 끝났다.

블랑켄부르크가 남성에게 집중했다면, 여성 전문가인 카를 클라우베르크는 가장 빠르고 효과적으로 여성을 불임으로 만들 방법을 여전히 고심하고 있었다(그러니까 열등한 인종의 여성들 말이다). 또 출산을 하지 못해서 국가에 보탬이 되지 못하는 아리아 인들을 위해 구제책을 내놓았지만 이 역시 해결책이라기보다는 괴상망측한 아이디어였을 뿐이다.

그는 치열한 경쟁의 분위기 속에서 자신만의 방법을 개발했다. 사실 브라크의 '작업'과 병행하여 슈만, 블랑켄부르크, 클라우베르크와 다른 과학자들이 마이너스 인구의 해결책을 찾기 위해 노력하고 있었다. 모두들 친위대장의 신임을 받는 것이 경력에 해가 되지 않을 것이라고 생각했다. 집단 불임 수술에 있어서도 자연선택이 통용되었다. 싸움은 치열했고 경쟁은 거칠다 못해 비겁했으며 그 결과는 놀라웠다.

아돌프 포코르니 박사는 피부병학과 성병학의 전문가였다. 아마도 교활한 식물학자였을 그는 마다우스라는 사람의 마약을 이용한 동물의 거세 연구에 관심을 가졌다. 칼라디움 세귀눔이라는 마약은 아룸 세귀눔이라는 식물의 수액에서 온 것으로 원래 브라질의 한 부족이 사용하던 것이었다. 언제나 절차는 동일했다. 힘러에게 편지를 보내 알리고 몹시 흥분한 상태에서 기다리고 있으면 이윽고 답이 온다.

이번에는 편지에 하나의 각주가 딸려 왔다. 여백에 적힌 것은 '다하우'였다. 그러나 이 식물을 재배하는 일이 예상보다 복잡하다는 사실을 곧 알게 되었다. 이 식물은 온실에서도 너무 느리게 자랐다. 수입하는 수밖에 방법이 없었다. 남미에서는 손쉽게 자랐다. 전쟁은 이 식물의 상상할 수 없는 대량 공급이란 이익을 가져다주었다.

포코르니는 유럽에서 좀 더 흔한 다른 식물들에 이 마약이 존재하는지 찾아보았다. 합성마약을 만들어 내는 시도도 해보았으나 헛수고였다. X선을 쬔 것도 아닌데 프로젝트는 결실을 맺지 못하고 곧 버림받았다. 최초의 해결책으로 되돌아가는 수밖에 없었다. 클라우베르크의 방법이었다. 당시 클라우베르크는 여성호르몬 연구로 유명했고, 불임 퇴치 제품을 개발하려는 셰링 칼바움 연구소를 위해서도 일하고 있었다.

그의 꿈은 자신이 원하는 두 가지 방향으로 연구할 수 있는 생식 연구소를 만드는 것이었다. 하나는 불임 여성을 돕는 것이고, 다른 하나는 불임 여성을 만드는 것이다! 제약회사에서 연구 자금을 대 주었고, 실험을 위해 힘러가 라벤스브뤼크 여자 강제수용소의 수감자들을 그에게 제안했다. 그렇지만 클라우베르크는 너무 멀고 복잡하다는 이유로 라벤스브뤼크를 원치 않았다. 연구를 시작하는 데 필요한 기자재들이 모두 갖춰진 자신의 병원에서 실험하길 원했다.

1941년 5월 클라우베르크는 나치 의학의 최고 결정권자들이 참석한 회의에서 눈부신 발표를 했다. 제3제국의 의사인 그라비츠 박사가 힘러에게 발언했지만 헛일이었다. 클라우베르크는 고집이 셌다. 그는 1년 뒤 다시 추진에 나섰다. 힘러를 만났고 힘러는 마침내 아우슈비츠의 문을 그에게 열어 주었다.

강제수용소를 처음 방문했을 때 클라우베르크는 자신의 요구사항들을 전달했다. 그중에서 꼭 필요로 한 제품들은 바로 셰링 칼바움 연구소의 것이었다. 1942년 12월 강제수용소에 도착한 클라우베르크는 이 을씨년스러운 장소의 책임자인 회스 사령관이 "아우슈비츠가 과학의 명소로 사람들의 기억 속에 남게 될 것"이라고 하는 말을 들었다.

이 명소에는 번호가 있었다. 바로 10번. 10번 막사에서 산부인과 의사는 '열등한 인종의 생식' 문제를 해결하려고 시도할 터였다. 10번 막사는 수용소에서 가장 잘 보호받는 곳이었다. 창문들을 막으려고 판자를 대고 못을 박았다. 안에는 400명의 여자들이 2개의 방에 밀집해 있었다. 멩겔레와 비르트를 키워 낸 이곳에서 클라우베르크는 자궁암 연구를 위해 있는 힘을 다해 수술했다.

여자들의 절반이 클라우베르크에게 맡겨졌다. 그는 원하는 대로 할 수 있었다. 그가 원하는 때에. 그들이 죽으면 기차를 타고 새로 도착한 사람들과 비르트가 선별한 사람들이 그들을 대신했다. 실험 대상이 된 여자들은 무엇이 그들을 기다리는지 알지 못했다. 그들에게는 '인공수정'을 받는 것이라고 믿게 했다. 여자들은 어떤 괴물을 낳게 될지 궁금했다.

사실 클라우베르크가 자궁에 직접 주입한 것은 수정된 '생산물'이 아니라 나팔관을 막기 위한 흰색 액체 포르말린이었다. 방사선으로 통제하는 가운데 관장용 주사기를 닮은 큰 주사기로 주입하자 아랫배가 찢어지는 듯한 참기 어려운 느낌과 끔찍한 통증이 휩쓸었다. 한 생존자는 이렇게 말했다.

여자들은 복부가 터질 것 같은 느낌을 받았다. 실험이 끝나고 화장실로 달려가 출산의 진통에 맞먹는 고통과 함께 종종 지독한 출혈이 동반된 액체를 배출하곤 했다.

몇 달 동안 수백 명의 여성들이 수술대 위를 거쳐 갔다. 실험은 여러 차례 반복되었다. 여자들은 고통받았고 죽기도 했다.

클라우베르크는 불만이었다. 언제나 더 많이, 특히나 장비들을 더 많이 요구했다. X선 장비도 필요했다. 그는 힘러에게 편지를 써서 자신의 방법이 '잠재적으로' 완성되었으나 몇 가지 사소하게 개선할 점들이 남았다고 했다.

만약 같은 속도로 연구가 계속된다면, 적합한 장비를 갖춘 상태에서 대략 조수 10여 명과 함께 의사가 적절하게 시술한다면, 확실히 1,000명은 아니더라도 곧 하루에 수백 명의 여자들을 시술할 수 있을 것입니다.

클라우베르크는 결국 그가 요청한 것 이상을 얻어냈다. 그의 원대한 꿈 중 하나는 출산 센터였는데, 이것은 1944년 9월 21일 크라쿠프 신문 기사를 통해 아연실색할 내용으로 발표되었다.

전쟁 초기부터 북 슐레지엔에서 산모와 유아의 사망률 감소 운동에 착수했던 클라우베르크 교수의 상급 의료 지도 아래 800명의 산모들을 위한 출산과 조리 센터 22곳이 문을 열었다.

1945년 1월 러시아 군대가 이 센터들을 방문했다. 클라우베르크는 소비에트의 손에 떨어졌다. 그는 징역 25년을 선고받았지만 독일-소비에트 협정에 의해 석방되었다. 그런데 그의 이야기는 여기서 끝나지 않는다. 거의 10년 뒤인 1955년, 베를린 시민들은 다음과 같은 광고를 읽을 수 있었다.

긴급

교수이자 의학 박사인 카를 클라우베르크가 뛰어난 타이피스트를 여럿 구함. 실업 상태이거나 특별히 저녁에만 시간이 나거나 하루에 두세 시간 정도 일하기를 원하는 사람은 즉시 연락 주기 바람.
9~10시 또는 19~20시, 일요일 포함.
대학 의료원, 외과학(개인 연구소 1번 방).
실력이 뛰어나다면 지속적인 근무 가능. 이 경우 독일 전역을 차로 동행하고 모든 경비가 지원됨.[16]

이 의사는 이름을 바꾸는 수고조차 하지 않았다! 더욱 놀라운 사실은 전 수용소 위원회와 수감자협회가 클라우베르크 소송을 재개하는 데 정말이지 많은 노고가 들었다는 것이다. 왜냐하면 고

위직 친구들 및 제약회사들이 그를 도와주었기 때문이다.

1955년 체포된 클라우베르크는 우선 정신병원에 수감되었다가 "행동에 책임이 있다"는 선고를 받았다. 마침내 1957년 재판이 열렸지만 너무 늦었다. 클라우베르크가 감방에서 죽은 채 발견된 것이다. 만약 이것이 마부제* 박사의 종말이라면 역사는 여전히 그 결말에서도 피해자들과 그 후손들에게 평화와 정의를 찾아 주지 못했다.

그는 어떻게 독일로 되돌아올 수 있었을까? 어째서 그의 재판은 그다지도 늦게 열렸을까? 그의 죽음은 사고였을까? 그와 함께 사업을 했고 어쩌면 그를 제거하기 전에(그가 말하는 걸 막기 위해?) 필시 그를 도와주었을 제약회사들은 무슨 역할을 했을까? 이 모든 질문의 답은 어쩌면 결코 얻지 못할 것이다.

• 프리츠 랑 감독의 영화 제목이자 등장인물. 정신분석학자인 마부제는 변장의 귀재로 온갖 악행을 저지르다가 결국 정신착란에 빠지게 된다. 시대의 악을 상징하는 인물이다.

13장

그녀는 못되지 않았어요

헤르타 오버호이저

| 헤르타 오버호이저Herta Oberheuser (1911~1978) |

끔찍한 생체 실험을 했던 카를 게브하르트 박사의 감독 하에서 일했다. 건강한 아이들에게도 휘발유와 에비판을 주사했고 그들의 팔과 중요 장기를 제거했다. 주사에서 사망까지 3~5분 걸렸다. 전쟁터에서 싸우는 독일군의 상처와 유사하게 일부러 상처를 만드는 데 초점을 맞춰 실험을 했다. 실험 대상자의 상처에 나무, 녹슨 못, 유리 조각, 먼지 따위를 비비기도 했다. 뉘른베르크 의사 재판의 유일한 여성 피고인으로 20년형을 선고받았으나 후에 감형되었다.

한쪽으로 기울어진 머리, 떨리는 듯한 가냘픈 목소리. 뉘른베르크 의사 재판에서 재판장의 질문에 답을 하고 있는 여자는 동정심을 자아낼 정도였다. 피고인석에 불편하게 앉아 있는 이 여자는 대체 무얼 하고 있는 걸까? 헤르타 오버호이저는 스스로를 변호하려고 애썼다. 할 수 있는 한.

그녀는 나치 외과 의사들에게 그녀가 동조했다는 고발에 답을 해야만 했다. '작은 토끼들'이 그들이 당한 가증스러운 처치로 모두 죽은 것은 아니었다. 블라디슬라바 카롤레프스카, 마리아 브륄플라터, 소피아 마츠카 등 피해자 몇 명이 증언하기 위해 그 자리에 있었다. 여성들뿐인 건 라벤스브뤼크 강제수용소가 여성 전용이었기 때문이다. 이는 그들이 받은 유일한 특별 대우였다. 강제수용소에서의 삶은 잔학행위 속에서 모두 똑같았기 때문이다. 똑같은 비참함과 잔인함과 위협과 절망, 똑같은 가스실 연기, 똑같은 화장터의 혐오스러움……. 라벤스브뤼크의 화장터는 1943년 4월부터 과열되고 있었다.

1938년 11월부터 베를린 북부의 습지에 건설된 라벤스브뤼크 수용소의 일상이 다른 곳보다 더 잘 알려진 이유는 어쩌면 이 지옥의 '손님'이었던 제르멘 틸리옹* 때문이다(제르멘 틸리옹은 징역을 사는 동안 '지옥의 하녀들'이라는 제목의 오페레타를 작곡했다). 라벤스브뤼크의 평범한 하루가 어떠했는지 제르멘 틸리옹의 동료가 한 이야기를 들어 보자.

여름에는 새벽 3시 반에, 겨울에는 4시 반에 사이렌이 울리는 소리에 일어난다. 쉬지 못한 밤을 보내고 일어나 서둘러 옷을 입고 자신의 간이침대를 규정에 따라 반듯하게 주름 없이 정리한다. 세면장(수백 명의 여자들이 쓸 20개 정도의 세면대와 저수조 또는 원형 분수가 있는 샤워실)으로 가기 위해 길을 헤치고 나아가지만 혼잡해서 들어가는 데 모두가 성공하지는 못한다. 세면대 줄을 선택해 비누도 칫솔도 없이 간단하게 씻거나 화장실로 가는 줄을 서야 한다. 여자 1,000명당 화장실이 평균 10개여서 모두들 점호가 있기 전에 동시에 가고 싶어 한다. 화장실이란 구멍이 20개 나 있는 긴 발판이다. 그곳은 질병과 기생충을 퍼뜨리는 끔찍한 곳이다.

---

* 나치에 맞서 레지스탕스 운동을 돕다가 라벤스브뤼크 강제수용소에 수감된 인류학자.

(……) 커피 배급 때에도 소란이 계속된다. 커피란 것은 볶은 도토리 탕약 4분의 1리터로, 설탕을 넣지 않아서 쓰고, 심지어 뜨겁지도 않다. 모든 것을 다 할 시간은 없고 벌써 점호에 가야 하는 사이렌이 또다시 울린다.

(……) 직립 자세로 두 시간 반 동안 점호를 받는데 오랫동안 갇혀 있다가 나온 사람들은 허리와 발, 다리가 아파서 견디기 힘들어한다. 건강한 사람들은 불안해하고, 쇠약한 사람들과 이질 환자들, 수종에 걸린 환자들은 공포에 떨었다. 이름 없는 고문 도구와 경비견들 무리에게는 맹위를 떨치고 으스댈 기회였다. 점호하는 동안 많은 수감자들이 죽었는데 우선적으로 나이 든 사람들이 그랬다. 쓰러져도 아무도 일으켜 주지 못한다. 점호가 끝날 때까지 쓰러져 있거나 발길질이나 몽둥이로 맞고 일으켜 세워진다. 엄청나게 피폐해져서 집단은 무력했다. (……) 번호 점호를 마친 뒤 노동을 위한 점호를 하면서 노동 대열을 만들고는 세고 또 세어 본다. (……)

수감자들은 대부분 탈출할 수 없도록 등에 십자가가 그려진 누더기를 입는다. 줄무늬 옷을 입는 것은 특권이 되어 감시인들에게조차 경의를 불러일으켰다. 우리는 '취직된' 것이다. 나머지는 하층 프롤레타리아였다. 시트는 당연히 빨지도, 소독해 주지도 않았고 배급해 주는 빵도 줄었으며 담요는 부족했다. 의무실은 완전히 포화 상태였다.[17]

의무실이란 이론적으로 양호실을 가리키지만 실제로는 거의 대부분이 죽음을 기다리는 곳이었다. 미트리다트 첩보망*의 멤버인 자클린 플뢰리는 라벤스브뤼크의 의무실을 다음과 같은 언어로 묘사했다.

어느 날 심각한 이질(수용소에 가장 널리 퍼진 질병이자 수감자들을 가장 비천하게 만드는 병)에 걸려 고열로 의무실에 가게 되었다. 그 막사 안에서 우리는 짚을 넣은 매트 하나마다 서너 명이 붙어 지냈다. 변소까지 가려면 달려야 했지만 그건 불가능했고, 우리는 문자 그대로 배설물 속에서 살았다. 어떤 약도 없었고 숯만 조금 있었을 뿐이다.

밤이면 신음 소리와 흐느낌으로 가득했다! 이 무시무시한 곳에서 나는 정말로 오로지 죽음만이 나를 기다리고 있을 거라고 생각했다. 강렬히 염원했던 프랑스를 다시 볼 희망도 없었다.[18]

신음 소리와 흐느낌으로 가득했던 그 밤에 케르베로스** 대신 확고한 태도로 턱을 굳게 다문 헤르타 오버호이저가 나중에 자기 변호 때 고통을 줄여 줄 목적이었다고 말하게 될 치사 물질을 주

- 레지스탕스 조직의 하나.
- 지옥문을 지키는 개.

사했다. 사실 오버호이저는 헌신적인, 특히나 헌신적인 간호사였다. 나치의 모범이었던 이 소녀의 여정이 이를 증명해 준다.

1911년 쾰른에서 출생, 1931년 고등학교 졸업시험 합격, 1937년까지 의학 공부. 그렇지만 오버호이저는 유식한 체하는 여성 학자가 아니었다. 1935년 BDM(독일소녀단)에 가입했고 1937년 입당해 나치의사협회에도 가입했다. 그 시대에 맞는 젊은 여성이었다. 기록물에서 볼 수 있는 것처럼 스포츠 활동을 한 뒤 노력과 열의로 붉어진 뺨을 하고는 "히틀러 만세!"라고 소리를 지르는 엄격한 성격의 아가씨였다.

우리의 젊은 오버호이저는 뒤셀도르프에서 의료 보조로 일을 시작했다가 라벤스브뤼크 강제수용소에서 의사로서의 3개월 연수를 제안하는 솔깃한 광고에 응했다. 그녀는 눈부시도록 우수하게 해냈다. 1940년 말부터 그녀는 정말로 그 수용소에 배치되었다. 뉘른베르크 재판에서 그녀는 이렇게 설명했다.

여성으로서 독일에서 외과 부서에 입성하기란 사실상 불가능하다. 그럴 기회를 갖기 위해 라벤스브뤼크 강제수용소로 가야만 했다.[19]

이걸 믿는다면 동료 의사들인 피셔와 게브하르트의 끔찍한 실험에 그녀가 참여하도록 소명 의식과 페미니즘이 부추긴 것이 된다. 그러나 피셔와 게브하르트는 과학적인 것과는 거리가 먼 동기들에 복종했다.

1942년 5월 27일 프라하에서는 총통 히틀러가 좋아하고 금발에 재능 넘치는 젊은이 라인하르트 하이드리히를 겨냥한 테러가 일어났다. 총알에 복부가 뚫린 하이드리히는 상처 부위가 감염되어 사망했다. 총통은 분노했다. 그는 자신이 아끼는 그 환자 곁으로 힘러의 주치의 카를 게브하르트를 포함한 외과의들을 즉시 파견했으나 그의 죽음을 막지 못하자 그들의 무능함을 비난했다. 그러나 총통은 자신의 주치의 카를 브란트나 테오도르 모렐 중 한 명을 보내지는 않았다. 모렐은 만약 자신의 술파닐아미드를 투약했다면 하이드리히는 죽지 않았을 거라고 총통에게 귀띔하는 것을 잊지 않았다.

사실 1942년 독일에는 전쟁 부상에 따른 감염을 막거나 치료할 만한 정말로 효과 있는 항생제가 갖추어져 있지 않았다. 일부 세균을 퇴치해 주는 항균제인 술파닐아미드가 있었지만 만병통치약과는 거리가 멀었다. 미군은 필요한 복용량을 장비에 소지하고 있었지만 효과는 제한적이었다. 모든 균이 취약한 것은 아니어서 부상자들이 많이 희생되는 것을 막지 못했다. 다행히 연합군은 페니실린을 가지고 있었다. 1920년대에 플레밍이 발견한 이 항생제가 실제로 사용 가능해진 것은 얼마 되지 않았다. 훨씬 운이 좋았던 연합군은 삐라를 사용해 이 사실을 독일 정부에 알리는 기쁨을 만끽했다. 독일은 선전을 통해 삐라 내용과 플레밍이 발견한 약의 효과를 서둘러 비방했지만 루머의 흔적은 남았고 이는 군대의 사기를 떨어뜨렸다.

총통은 여전히 주치의의 말이 사실인지, 술파닐아미드가 효과적인지 알고 싶어 했다. 그는 비난을 퍼부으며 게브하르트를 소환했다. 게브하르트가 덜덜 떨 이유는 많았다. 총통이 그를 호출했을 뿐만 아니라 불러 놓고 막판에 접견하지 않기로 결정했기 때문이다. 이는 분명 외과의의 생명을 무사하게 해준 쓰라린 모욕이었지만 주인의 눈에 다시 들기 위해 뭐든 할 필요가 있기도 했다.

게브하르트는 우습게 볼 사람이 아니었다. 그는 1933년부터 힘러의 개인 주치의로 독일 적십자 회장이었고, 1936년 베를린 올림픽 의료 서비스 책임자였다. 언제나 나치의 비결인 최상급 수식어와 함께 그는 SS와 경찰의 최고 임상 의사로 임명되었다. 달리 말해 겉만 화려한 직함들을 주렁주렁 단 이 의사는 자신의 능력이 의심받는 것을 받아들일 수 없었다.

그는 하이드리히의 사례에서 술파닐아미드를 사용했어도 바뀌는 건 전혀 없다는 것을 깨달았다. 외과 의사들이 자신들의 일을 제대로 했다고 생각했다. 히틀러의 다른 의사들은 아무것도 모른다고 확신했다. 그럼에도 힘러가 그 치료약의 효과를 확인하는 실험을 하라는 명령을 내렸을 때 그는 불평하지 않았다. 결과가 어떻든 오명을 씻어 낼 아주 좋은 기회였다. 술파닐아미드가 효과없다고 밝혀진다면 더욱 좋은 일이었다.

그런데 그 약이 전장에서 얻은 상처와 골절 부위가 감염되는 것과 괴저를 막아 준다는 것을 어떻게 알아낼 수 있을까? 이 실용적인 남자에게 해결책이란 단 하나였다. 인공적으로 상처들을 재현해 세균으로 오염시키는 것이다. 그리고 실험 대상자 몇몇에게 술파닐아미드를 투여하면 충분했다. 다른 부분은 받아들이지 않았다. '과학'은 라벤스브뤼크의 '작은 토끼들'에게 일어나는 일을 관찰하는 것이었다…….

헤르타 오버호이저는 외과 의사가 되고 싶었다. 그녀는 이 의사들을 보조하면서 수술실에 입성할 기회를 갖게 될 터였다. 의사들이 그녀에게 선별하라고 하면 선별했고, 마취하라고 하면 마취했다. 게브하르트는 기뻤다. 그는 뉘른베르크 재판에서 자신의 피보호자가 된 그녀에 대해 이렇게 자백했다.

그녀는 매우 어질고 무척 고결하게 환자들을 돌보아서 드레싱을 할 때조차 눈에 띄었습니다.

오버호이저가 은폐한 상처들을 어떻게 만들었는지를 알게 되면 우리는 분노와 혐오 사이에서 주저하게 된다. '수술'이라니 말도 안 되는 일이다. 그녀는 망치로 다리뼈를 부러뜨렸다. 그리고 상처는 포도상구균, 연쇄구균, 나무조각, 유리 파편 등 사형집행인 의사의 손에 들어온 모든 것에 의해 감염되었다.

몇 센티미터나 되는 다리뼈 조각을 잘라 내고, 가끔은 금속판을 이용해 도와주며 자연적으로 치유되도록 놔두었다. 목적은 무엇이었을까? 치료약 테스트였다. 뼈를 감싸는 골막 없이 뼈가 재생되는지 확인했다. '작은 토끼들'에게 모르핀은 주지 않았고, 아주 끔찍스런 고통은 끝이 없었다. 상처가 겨우 아물면 실험 대상자들을 두 번째, 세 번째, 여섯 번째로 다시 수술실에 보냈다. 한 피해자가 자신과 동료들이 겪은 오랜 공포를 이야기했다.

그날 우리 중 10명을 병원으로 데려가 주사를 맞혔습니다. 병원에 입원시키고 며칠 뒤 우리 중 하나가 접근에 성공해서 동료들이 다리에 깁스를 한 채 침대에 누워 있는 것을 알게 되었습니다. 8월 14일 나 역시 다른 동료들과 함께 병원으로 소환되었습니다. 우리를 침대에 눕히고 주사를 맞힌 뒤 가둬 버렸습니다. 그리고 나는 수술실로 옮겨졌습니다. 그곳에서 쉬트라우스키 박사와 로젠탈 박사가 정맥에 두 번째 주사를 놓았습니다. 나는 피셔 박사가 장갑을 끼고 있는 것을 알아챈 뒤 의식을 잃었습니다. 깨어나자 나는 내 다리에 무릎까지 깁스를 한 것을 보았고 굉장히 심한 통증을 느꼈습니다. 체온이 굉장히 높았고 다리에는 진물이 흐르고 있었습니다.

다음 날 나를 수술실로 데려갔습니다. 내 눈을 덮개로 덮었는데 다리에서 뭔가를 잘라 내는 것 같은 굉장히 심한 통증을 느꼈습니다. 사흘 뒤 나를 다시 수술실로 데려가 드레싱을 바꿔 주었습니다. 드레싱을 한 건 수용소 의사들이었습니다. 2주 후 처음으로 내 다리를 보았습니다. 절개를 너무 깊게 해서 뼈가 보였습니다. 바로 그때 우리를 호헨린첸의 의사인 게브하르트 박사가 검사했습니다.

9월 8일 나를 다시 수술실로 보냈지만 나는 걸을 수가 없었고 다리에서 고름이 나왔습니다. 나는 다시 병원으로 보내졌습니다. 다시 침대에 누웠고 다음 날 두 번째 수술을 받았습니다. 나는 붓고 고름이 나는 똑같은 증상을 보였습니다. 병원에서 돌아온 뒤 어느 날 나는 동료들에게 이 수술의 나쁜 환경을 지적했는데, 그런 나를 벌주려고 오버호이저 박사가 나 혼자 수술실까지 한 발로 가도록 했다고 생각했습니다.

파상풍, 가스 괴저, 패혈증, 출혈이 결국 피해자들을 죽음에 이르게 했고, 이를 극복한 사람들은 집단 처형이나 안락사에 처해졌다. 운 좋게도 선택되지 않아 오버호이저에게서 벗어난 사람들은 고통이 후회로 바뀌었다.

간호사는 피해자는 물론 총애할 사람도 선택했다. 이 군은 얼굴의 여자에게 사랑받는 행운을 모두가 누린 것은 아니었다. 그녀가 어떤 기준으로 자신의 추종자들을 선택했는지 우리는 잘 알지 못한다. 특혜를 입은 수감자 몇 명은 치료를 받았다. 나머지 사람들, 그녀의 마음에 들지 않는 거의 대다수는 따귀를 맞거나 구타와 굴욕을 당했고 의료적인 연민은 전혀 받지 못했다.

168센티미터의 키에도 좀 더 내려다보고 싶었던 그녀는 종종 의무실 테이블 위에 올라가 섰고 수감자들을 자기 앞에서 행진하게 했다. 어떤 의사건 아무리 빨리 검사를 한다 해도 얼굴, 낯빛, 눈, 호흡, 수척함 등의 징후로 노동에 적합한지 여부를 찾아낸다. 오버호이저는 다리에 집착했다. 그녀는 신발 끝으로 치마를 들추었다. 가끔은 한 막사의 전체 수감자들에게 치마를 허리 위로 걷고 자기 앞에서 행진하게 했다.

뉘른베르크 재판에서 한 수감자가 고백했다. "그녀는 못되지 않았어요." 그렇다면 그녀는 어떤 사람이었을까? 나는 난폭하기 위해 남자일 필요는 없다고 믿는다. 오버호이저가 바로 그랬다. 거칠었고, 자신에게 주어진 수단을 이용하려는 열망으로 넘쳤으며, 그녀의 상사들과 마찬가지로 괴물이었다.

오버호이저는 수술실에서의 자기 역할에 만족하지 않았고 고통을 받는, 아니 침대를 차지하고 있는 사람들을 '끝장'내기도 했다. 못된 심성을 가진 이 대단한 여자는 죽어 가는 사람들을 안락사시킨 것은 매독 말기나 복부암 등의 고통을 덜어 주려는 목적이었다고 감히 법정에서 주장했다. 그녀는 불쌍한 수감자들의 고통을 용인하지 못했다. 그래서 주사를 놓았지만 마취제 대신 휘발유를 사용했다. 팔의 정맥에 석유 10리터를 주입했다. 환자들은 갑자기 몸을 폈다가 쓰러졌다. 주사를 놓고 사망할 때까지 3~5분이 걸렸다. 이 끔찍한 고통이 지속되는 몇 분간 피해자들은 마지막 순간까지도 의식이 남아 있었다.

그녀의 계급이 낮아 공식적으로 결정을 내릴 수 없었다는 사실 때문에 뉘른베르크 의사 재판에서 그녀는 고작 징역 20년을 선고받았다. 하지만 1952년 형이 줄어 란츠베르크 교도소에서 석방되었다. 제3제국의 모범적인 이 작은 병사는 다시 복귀해 독일 슐레스비히홀슈타인 주의 가난한 마을 슈톡지에서 소아과 의사로 자리 잡았다. 그곳에서 몸무게를 달고 코를 풀어 주고 조언해 주고 예방접종을 하며 1956년까지 평화로운 나날을 보내던 중, 라벤스브뤼크의 전 수감자가 그녀를 알아보았다. 그 지방의 내무부 장관이 개입한 뒤에야 1958년 8월 그녀의 의료 행위가 금지되었다.

단호하고 의기양양한 이 여자를 가로막는 건 아무것도 없었다. 그녀는 상소했고 1961년 4월 28일 결정 철회를 얻어냈다. 지금 우리는 불쾌하기 짝이 없다고 보지만 당시에는 어땠을까? 용서나 속죄 또는 가증스런 설명이라도 있었던 걸까? 내가 아는 것은 오버호이저가 재판이 끝난 뒤 보델슈빙 연구소에 일자리를 잡았고, 1978년 1월 24일 린츠의 노인요양원에서 사망했다는 사실이다.

14장

성공하거나
죽거나

에르빈 딩 슐러

| 에르빈 딩 슐러 Erwin Ding-Schuler (1912~1945) |

의과의사이자 무장 친위대 장교로 1939년 부헨발트 강제수용소에 배속되었다. 관심사는 전염병 퇴치를 위한 백신을 연구하는 일이었다. 황열병, 천연두, 티푸스, 콜레라 등의 감염성 인자로 다양한 독을 사용하며 의학 실험을 했다. 티푸스를 감염시키는 가장 확실한 방법은 티푸스 환자의 혈액을 혈관에 주사하는 것이라는 어이없는 결론을 내리기도 했다. 1945년 미군에 체포되었고 같은 해 8월에 자살했다.

해방. 시간이 흐르면서 이 단어의 강력함과 그것이 환기시키는 기쁨만 남았고, 뜻밖의 봄을 맞이하며 제2차 세계대전이 끝났다. 영화들이(일부는 컬러이기도 한) 우리를 소름 끼치는 현실로 데려간다. 독일에서 가장 큰 강제수용소인 부헨발트는 1945년 4월 미군에 의해 해방되었다. 패튼*과 그의 부하들이 발견한 것은 너무도 끔찍했다. 패튼 장군은 그곳에서 가장 가까운 도시이자 한때 독일의 수도였던 바이마르의 주민들을 데려와 그들 집에서 몇 킬로미터 떨어진 곳에서 무슨 일이 일어났는지 보게 했다.

카메라가 지친 이 유력자들을 촬영했다. 그들은 대부분 부부끼리 팔짱을 끼고 마치 투표하러 오듯 점잔을 빼며 왔다. 여자들은 부인용 세모꼴 숄을 둘렀고 남자들은 여전히 조끼를 입고 있었

---

* 미 육군 장군 조지 스미스 패튼.

187

다. 그들은 당황해하며 기가 꺾여 고개를 떨어뜨린 채 걸었는데, 패배와 피로 때문이기도 했지만 전쟁 동안 그들이 목격할 수 없었던 광경을 최대한 오래 외면해 보려는 것이었다. 부헨발트에서 생을 마친 5만 6,000명 중 일부가 쓰레기처럼 쌓여 있었다. 누렇고 헐벗은 시신 더미를 카메라가 가까이에서 회전하며 보여 주었다. 여자들은 눈물 또는 혐오를 감추기 위해 손수건에 얼굴을 묻었고, 남자들은 공포와 수치심에 눈을 내리깔았다. 그들은 코앞인 그곳에서, 괴테와 실러의 도시 바로 옆에서 인간의 지방이나 피부로 전등갓과 비누가 만들어진 사실을 아직 모르고 있었다.

그들보다 앞서 미군 병사들이 시체들을 발견하고 그 광경을 견뎌 냈다. 수용소가 해방되고 며칠 뒤인 1945년 4월에 촬영된 르포르타주에서 전쟁 특파원이자 기자인 에드워드 R. 머로는 다음 내용을 미국 국민들에게 전했다.

남자들과 젊은 사람들이 나를 만지려고 하는 동안 불결한 냄새가 내 주변을 떠돌았다. 그들은 누더기와 남은 제복을 입고 있었다. 사망자가 많았지만 그들의 시선에서 기쁨을 읽을 수 있었다. 가엾은 무리들 너머 먼 곳을 바라보자 독일 농부들이 잘 경작한 밭들이 보였다…….

나는 막사 중 하나를 보여 달라고 요청했다. 그곳은 체코슬로바키아 사람들이 사용하던 곳으로 밝혀졌다. 들어가자마자 생존자들이 내 주변으로 몰려들었고 자신들의 어깨 위에 나를 올려놓으려고 애를 썼다. 그렇지만 나를 들어올리기엔 너무도 쇠약해져 있었다. 대다수가 짚으로 만든 매트에서 일어날 수조차 없었다. 그곳은 한때 말 80마리를 수용했던 막사였다고 누군가 말해 주었다. 매트마다 5명씩, 1,200명의 사람들이 모여 있었다. 막사 안을 지배하는 냄새는 모든 설명을 넘어서는 것이었다.

그들은 이 막사를 책임지는 의사를 불렀다. 우리는 의료 기록을 조사했다. 검정색 작은 노트에는 이름밖에 없었고 그 이상은 아무것도 없었다. 이곳에 있는 사람들에게 한 일이나 해야만 하는 일들을 지시 내린 사항은 아무것도 없었다. 시신들 옆에는 십자가가 있었다. 그 수를 세어 보았다. 모두 242개였다. 1,200명 중 사망자가 242명인데 겨우 한 달 동안 일어난 일이라고 한다.

우리가 마당으로 가려고 나오는데 한 남자가 주저앉은 채 죽어 있었다. 다른 두 사람은 예순 살 정도로 보였는데 변소 쪽으로 기어가고 있었다. 나는 변소를 보았다. 묘사하지 않으련다……

수용소의 다른 곳에서 수백 명의 아이들이 보였다. 어떤 아이는 겨우 여섯 살이었다. 아이들 중 하나가 소매를 걷고 자신의 등록번호를 보여 주었다. 번호는 팔에 문신으로 새겨져 있었다. B-6030. 다른 아이들도 자신의 문신을 보여 주었다. 그 아이들은 죽을 때까지 번호를 지니게 될 것이다. 내 곁에 있던 나이 든 한 남자가 말했다. "아이들은 국가의 적이다!" 아이들을 보니 얇은 셔츠를 통해 갈비

뼈가 보였다.

우리는 병원으로 갔다. 병원은 만원이었다. 의사는 내게 전날 200명이 사망했다고 말해 주었다. 나는 사망 원인이 무엇인지 물었다. 그는 어깨를 들썩거리더니 "결핵, 영양실조 악화, 탈진……. 그리고 대다수는 그저 더 이상 삶의 욕구가 없습니다. 정말 힘들어요." 그는 담요를 들춰 한 남자의 발을 드러냈다. 얼마나 부었는지 내게 보여 주기 위해서였다. 그 남자는 죽어 있었다. 환자 대다수가 움직이지 못했다.

나는 부엌을 보여 달라고 했다. 모두 깨끗했다. 그곳 책임자였던 독일인이 하루 배급량을 보여 주었다. 두께가 엄지만 한 갈색 빵 한 조각, 껌 세 조각만 한 크기의 마가린 한 겹, 잼 조금……. 24시간 동안 수감자들이 받은 건 이게 다였다. 독일인은 회계표를 벽에 걸어 놓았다. 믿을 수 없을 정도로 복잡해 보였다. 사방이 붉은 압정 투성이였다. 독일인은 압정 하나마다 사망자 10명을 나타낸다고 설명해 주었다. 그는 배급할 식량을 세어야 했다며 내게 이렇게 말했다. "우리는 이곳에서 매우 유능했습니다."

우리는 작은 안마당까지 계속 걸어갔다. 차고나 마구간처럼 보이는 곳과 벽이 가까이 붙어 있었다. 우리는 그곳으로 들어갔다. 바닥은 콘크리트였다. 장작처럼 쌓아 놓은 시신들이 두 열로 늘어서 있었다. 시신들은 너무 말랐고 믿기지 않을 정도로 창백했다. 어떤 시신들은 뼈 위에 살이 별로 많지 않은데도 불구하고 몹시 부패했다.

몇몇은 머리에 총알을 맞아 죽었지만 피가 거의 흐르지 않았다.

나는 이곳에 두 열로 쌓인 남자들과 소년들의 시신이 500구 이상이라는 결론에 도달했다. 50구 정도가 담겨 있을 짐수레도 하나 있었지만, 솔직히 말하자면 세어 보는 게 불가능했다. 이 사람들 모두가 처형된 건 아닌 것 같았다. 그저 굶주림에 죽은 것이다.

그러나 사실 사망 원인은 중요하지 않았다. 중요한 것은 부헨발트에서 살인이 저질러졌다는 것이다. 지난 12년 동안 몇 명이 죽었는지는 신만이 알 것이다. 목요일에 듣기로는 지금 수용소에 1만 2,000명이 넘게 있다고 하는데 한때는 6만 명이 넘었다고 한다. 그 사람들은 모두 어떻게 되었을까?

나는 부헨발트에 대해 내가 말한 것을 여러분이 믿게 해달라고 신께 기도했다. 나는 내가 보고 들은 것을 묘사했고, 이는 내가 본 모든 것의 극히 일부분에 지나지 않는다. 적절한 단어를 찾지 못한 것이 많다. 만약 부헨발트를 묘사하는 동안 내가 여러분에게 충격을 주었다면 마음속 깊이 미안함을 느낀다.

심지어 그런 일들을 숱하게 보아 온 패튼 장군조차 수용소를 지키는 미군 병사들이나 바이마르의 유력자들과 마찬가지로 하얗게 질려 버렸다. 기록들을 통해 그들과 함께 그 이후에 일어난 일들을 알아보자. 탁자 위에는 벼룩시장처럼 포르말린 속에 장기들을 넣어 둔 표본병들이 놓여 있다. 허파, 심장, 그리고 심지어 둘로 쪼개진 두개골도 있다. 나는 그것들을 미국 홀로코스트 메모리얼 박물관 홈페이지에 있는 1~2분 분량의 짧은 영상들을 보고 알았다. 1~2분 이상 견디는 건 어려울 것이다. 카메라 앞에서 병사가 말라서 쪼그라든 머리(부헨발트의 특징적인 만행 중 하나)를 손에 들고 천천히 회전시키며 보여 주었다. 아주 작고 혐오스러웠으며 절망적이었다. 이미지가 너무도 끔찍해서 그런 것에 익숙한 의사인 나조차 영상에 소리가 없다는 사실에 나도 몰래 안도하고 있음을 문득 깨달았다.

계속해서 잔학행위 박물관 방문은 이어졌다. 부헨발트에서 티푸스와 바이러스를 연구했던 무장 친위대 보건 연구소에서 그리 멀지 않은 46번 막사로 들어가 보자. 나치 강제수용소 시스템이 대개 그런 것처럼 수감자들이 직접 건설한 건물은 철조망의 보호를 받는다. 일층짜리 작은 건물인 '실험 대상자들의 막사'는 완벽히 고립되어 창문과 문은 밤낮으로 닫혀 있었고 직원들 외에는 아무도 걸어서 나오지 못했다. 그곳에 일단 감금된 수감자들은 더 이상 빠져나올 수 없었고 점호도 받지 않았다. 내부에는 죽음을 부르는 침묵이 서려 있었고 대화는 금지되었으며 조금만 속삭여도 본보기로 체벌이 가해졌다.

46번 막사로 들어가면 수감자들은 실험동물이 되었다. 등록번호는 그들이 죽은 뒤에 실험 장부에 기록될 새로운 번호로 교체되었다. 그들은 이미 유령이었고, 나치 사이비 과학의 제단 위에서 희생되고 삼켜졌다. 이들의 사형집행인은 삼십대의 젊은 의사로 소심해 보이고 행동이 미숙한 에르빈 딩 슐러 박사였다. 착각하지 말기를. 외모는 유약해 보여도 이 남자는 뉘른베르크 심리보고서가 강조한 것처럼, 무능하고 오만하고 야심만만하며 "매우 예민하고 거짓말을 잘하며 뒤끝이 길고 반발을 잘한다"고 묘사되어 있으니까 말이다.

1912년 독일 비터펠트 출생인 에르빈은 1944년까지 양아버지의 성을 쓰던 사생아였다가 슐러라는 친부의 성을 쓰게 된다. 혼외 출생이란 점이 그의 군 입대를 방해했지만 SS에서는 그렇지 않아서 '해골' 분대가 그를 받아 주었다. 실험하는 동안 실수로 티푸스에 감염되는 등 형편없는 개업 의사였던 그는 먼저 부헨발트로 발령받았다가 다하우로 전근을 가게 됐고, 파리의 파스퇴르 연구소에서 3개월 지낸 뒤 다시 부헨발트에 복귀했다.

그가 46번 막사에서 저지른(의학에 그토록 반하는 실험 기록에 '이끈'이라고 쓰기가 어렵다) 실험들은 무엇이었을까? 실험을 맡은 딩 슐러 박사를 믿는다면, 그것은 1941년부터 러시아 전선에서 독일군의 생명을 수없이 앗아간 티푸스 퇴치용 백신 실험이었다. 전선을 샅샅이 뒤질 수 없었던 보건 당국은 1941년 겨울부터 1만 사례 넘게 집계했는데, 그중에서 병사 1,300명 가까이는 제3제국의 영광을 위해서가 아니라 티푸스로 죽었다. 해결책은 백신을 접종하는 것이었지만 수중에 있는 백신이 충분치 않은 데다 고가에 생산 속도는 느렸다. 더구나 기근이라 할 만큼 식량 부족의 시대에 달걀노른자를 재료로(토끼의 허파, 이의 창자를 재료로 하는 것과 함께 고려되는 방법) 백신을 생산하기는 어려웠다.

46번 막사와 멀지 않은 곳에 세워진 50번 막사는 가장 현대적인 기술을 도입하고 심지어 도서관까지 갖춘 맵시 있는 연구소였다. 그곳에 자금을 댄 곳은 무장 친위대 보건 연구소라고 파렴치하게 이름 붙인 명망 높은 예나 대학교였다. 이곳은 여러 보고서 중 하나에서 딩 슐러가 쓴 것처럼 "장기에 피해를 주지 않고 세균을 죽이는 마법의 공"인 기적의 미래 백신을 대량 생산하기 위한 용도로 마련되었다.

50번 막사가 독일 병사를 구하기 위해 노력하는 동안(이는 절반의 실패였다. 고의인지 아닌지 모르지만 백신을 제조하는 수감자들이 백신을 너무 희석해서 거의 효과가 없는 것으로 밝혀졌다), 46번 막사는 점점 죽음을 기다리는 곳으로 변해 갔다. 반면, 접종의 경우 딩 슐러 박사의 성공과 호전성 때문에 질병의 확산은 번개같이 퍼졌다. 만약 박사가 창의력을 발휘했다면, 그것은 티푸스를 더 악성으로 만들고 더 빨리 확산시키기 위해서였다! 그의 비서 외젠 코곤이 뉘른베르크 재판에서 한 증언이다.

이가 든 우편물이 46번 막사에 반입되었다. 수감자들을 나체로 막사에 들여보냈다. 그들은 사슬에 묶인 채 앉아 있어야 했고, 이가

든 상자를 고무줄로 그들의 다리에 묶어 놓았다. 그들은 그렇게 20분간 있었다. 티푸스 주사 역시 그들의 팔에 놓았다. 나는 주사를 놓는 것을 직접 보았다. 그 이들은 폴란드 크라쿠프에서 온 것이었다. (……) 46번 막사에 머무는 동안 나는 대략 20명의 사람들이 죽는 것을 보았다.[20]

최대한 효과적인 방식으로 질병을 확산시키기, 즉 직접 주입 또는 전염이 유리하도록 만들기. 이것이 딩 슐러 박사가 작성한 매뉴얼의 첫 번째 단계였다. 사실 박테리아는 보통 쥐나 생쥐를 숙주로 삼지만 이나 진드기를 통해 인간에게 옮겨지므로 이 질병은 지금도 여전히 군인과 죄수에게 두려움의 대상이다. 이 질병은 정신착란을 동반한 고열이 특징이며 이후 마비, 탈진, 인사불성 상태가 된다. 46번 막사에 들어가면 보이는 것은 바로 죽음을 기다리는 10여 명의 사람들로, 그들은 처음에는 얼이 빠지고 무감각해졌다가 임종의 순간으로 들어선다.

그러나 딩 슐러 박사는 이 단계에 더 이상 관심이 없었다. 이 질병을 처음으로 묘사한 건 그리스의 역사가 투키디데스다. 페리클레스의 시대에 이 전염병이 아테네의 도시를 덮쳤고 항생제로 서둘러 치료하지 않는 한 대부분 치명적이었으므로 언급된 증상을 보면 페리클레스도 이 병으로 사망했다. 제2차 세계대전 동안에도 다른 전쟁 때처럼 전선은 물론 강제수용소에서도 티푸스로 사람들이 죽어 갔다. 1942년 8월 아우슈비츠 비르케나우 수용소 당국은 수감자들 사이에서 전염병이 손쓸 수 있는 규모를 넘어서자 자신들에게 전염될까 걱정하여 '선별'을 계획했고, 수감자들의 절반을, 그러니까 1만 명이 넘는 사람들을 하룻밤 사이에 학살했다.

튀니스 파스퇴르 연구소의 샤를 니콜은 1909년에 이가 티푸스의 매개물인 것을 발견했다. 이 발견 덕분에 박테리아를 따로 격리시켜 백신을 개발할 수 있었고, 1928년 그는 노벨 생리의학상을 받게 되었다. 그러나 그 백신은 대량으로 생산될 수 없었다. 1930년에 또 다른 방법이 개발되었다. 그렇지만 1940년대에 백신을 생산하는 것은 위험했고 과학자들에게 쉽게 감염될 수 있었다. 결국 수정란으로부터 백신을 제조하는 것이 1930년대 말부터 대량 생산을 가능케 해줄 터였다.

딩 슐러가 실험을 하던 당시, 항생제는 대량 생산하기에는 비용이 아직 너무 비쌌던 바이글의 백신만큼이나 사용이 불가능했다. 대량 생산이 가능한 콕스와 하겐, 길드마이스터의 백신에 희망이 있었으나 그것들은 아직 증명되지 않았다. 그리하여 1941년 동부로 진출한 지 몇 달이 지나 러시아 대공세가 완전한 실패로 변하자 민간 의학과 군의학 연구소, 산업의 중심적인 인물들이 문제의 해결책을 찾고 조직하기 위해 모였다.

독일 국방군이 백신 생산을 혼자 도맡을 수 없어서 보건부 장관이자 의사인 동시에 SS인 레오나르도 콘티는 1941년 12월 29일

라이터, 길드마이스터, 므루고프스키, 숄츠 등 연구자나 의사들과 제약회사 대표 몇 명을 불러 모으기로 결정했다. 이 회의에서 그는 더 빨리 백신을 생산해 내기 위해 인체 실험을 하자는 결정을 내렸다. 그들이 보기에 시간이 없었다. 러시아 전선의 병사들 수백 명이 죽었고, 심지어 백신을 맞지 않으면 전선에 합류하지 않겠다는 사람들도 있었다. 그들에게 인체 실험의 정당성은 충분했다. 실험 장소는 나츠바일러와 부헨발트 수용소로 결정되었다.

딩 슐러는 1939년 이미 부헨발트에 부임해 있었지만 멩겔레나 라셔와는 달리 솔선하여 이 실험들의 주도권을 잡지 않았다. 그는 열정 없이 그들을 성실히 안내했다. 극도로 꼼꼼했던 그는 실험 일지를 썼는데 외젠 코곤 덕분에 미군이 도착하기 전에 불타지는 않았다. 이 유일무이한 자료는 재판 때 아주 귀중한 자료로 드러났고, 딩 슐러가 실험을 이끈 방법은 물론 히포크라테스 선서를 한 사람이라면 누구나 격분할 일에 대한 그의 시선을 대강이나마 이해하게 해준다. 바로 환자를 고의로 감염시키는 것이다. 치료가 아니라 감염이 딩 슐러의 첫 번째 목표임을 보여 주는 1943년의 일지를 발췌한다.[21]

확실히 감염시키는 방법을 규명하기 위해 티푸스에 걸린 사람의 혈액으로 실험을 실시했다. 감염은 다음의 방식으로 수행했다.

예비 실험 C: 실험 대상자 중 3명은 각각 2리터의 신선한 전혈을 혈관주사로 맞았다. 2명은 각각 2리터의 신선한 전혈을 근육주사로 맞았다. 2명은 각각 2리터의 신선한 전혈을 피하주사로 맞았다. 2명은 난절법亂切法*을 받았다. 2명은 피부의 백신 접종용 메스로 감염되었다.

혈관 주입으로 감염된 실험 대상자들은 심한 티푸스 증상을 보였고, 심각한 순환 장애로 사망했다. 다른 실험 대상자들은 중요한 부수적 장애만 호소했고 병원에 입원하진 않았다.

그는 몇 줄 뒤에 이렇게 결론을 내렸다.

결과적으로 인간에게 티푸스를 감염시키는 가장 확실한 방법은 티푸스 환자의 신선한 전혈 2리터를 혈관에 주사하는 것이다.

티푸스로 인간을 가장 빨리 죽이는 방법이란 적절한 분량의 질병을 혈액에 바로 주사하는 것이라니. 이것이 그가 발견한 내용의 전부다. 일지의 페이지마다, 보고서마다 결론은 언제나 똑같았는데 문체가 건조하고 차가워서 더욱 소름이 끼친다.

사망 5명, 대조군 3명, 보통 베링 백신 1명, 강한 베링 백신 1명. 실

---

* 피부를 긁은 뒤 물질과 반응시키는 방법이다.

험 대상자 모두가 매우 중한 티푸스 증상을 보임. 모든 사례의 임
상 기록은 베를린으로 보냄.

'대조군'이란 표현 뒤에는 강제로 감염되도록 선택된 불행한 사
람들이 있다. 그들의 고통 앞에는 치료를 거부하거나 치료할 능력
이 없는 딩 슐러 박사가 있었지만, 계속해서 바뀌는 관객들과 보
건부 고관들은 물론 제약회사들도 있었다. 이 점은 이 실험의 또
다른 특징이다. 개인들이 아니라 시스템, 그 당시 독일 보건 당국
의 결실이다.

몇몇은 나중에 뉘른베르크에서 강요로, 혹은 보복당할까 두려
워서 한 행동이라고 자백했다. 로베르트 코호 연구소의 로제 교수
는 윤리 문제를 언급한 뒤에 이 실험이 동물 실험 이상으로 가져
다준 게 없음을 강조하면서 부헨발트의 인체 실험에 반대했다. 하
지만 결국 백신 균주를 넘겨주면서 실험에 참여했다. 이 역시 힘
러의 주도가 필요 없었음을 보여 주는 보기 드문 사례임을 강조하
고 싶다. 외젠 코곤은 1941년의 회의에 참석한 므루고프스키, 로
제, 길드마이스터를 46번 막사에서 직접 보았다고 증언했다.

딩 슐러로 말하자면 히틀러의 주치의인 브란트 박사가 자신을
보러 왔다고 주장했다. 권위 있는 방문들이 이루어지던 중 1942
년 1월 의사는 실수로 바이러스에 감염되었다. 그러므로 딩 슐러
는 첫 피해자 중 한 명이었지만 베를린 병원으로 이송되어 그가

다뤘던 대부분의 사람들과는 달리 병에서 회복되었다. 자신의 일지에 '연구소의 사고'라고 적은 이 일에 뜨겁게 데인 그는 본의 아니게 티푸스 면역이 생겼지만 그럼에도 46번 막사를 방문하는 걸 싫어했다. 어쨌거나 그는 두 공범자, 폭력배와 악당을 믿을 수 있었으니 상관없었다.

악당은 바이마르 무장 친위대 병원의 의과장이자 주 돌격중대 지휘관인 발데마르 호벤으로, 딩 슐러가 투병하고 회복하는 동안 부서를 지휘했다. 얼굴에 출세욕과 악랄함을 뚜렷이 드러낸 호벤은 자신을 위해 결핵에 관한 꽤 눈부신 연구 논문을 작성한 두 수감자, 지테와 베제레에게 그의 의학 박사학위 논문의 공을 돌려야 한다. 호벤은 학위 논문 구두심사용 텍스트를 외웠다. 확실한 사실은 그가 프리부르 대학에서 좋은 평점을 받았다는 것, 1939년부터 부헨발트에서 근무하면서 술과 보석 밀매를 조직하다가 강제수용소 SS 감독기관에 체포되었다는 것이다.

유리한 신체 조건으로 무장한 호벤은 수감자들이 '부헨발트의 마녀' 또는 '부헨발트의 암캐'라고 명명한 일제 코흐를 유혹했다. 공포스런 증언들이 끊이지 않는 이 여자는 괴물이었다. 그녀는 부헨발트의 최고 사령관 카를 코흐의 아내로 잔인한 행위들을 수없이 했는데, 그중 유감스럽게도 그 유명한 인간 피부 전등갓을 처음으로 만들었다. 그녀는 자기 마음에 드는 문신을 한 불운한 사람들을 직접 지명해서 그 피부로 전등갓을 장식했다. 호벤은 그녀와 물리적·심미적으로 완전히 일치해 있었다. 왜냐하면 한껏 멋을 부린 이 의사는 인간 장식이라는 분야에서 같은 취향을 공유했기 때문이다. 수감자 요제프 아케르만이 보고한 것처럼 말이다.[22]

어느 날 부검실 창가에서 호벤 박사와 함께 있었다. 그는 내게 안 마당에서 일하는 포로를 보여 주며 이렇게 말했다. "내일 아침까지 내 책상 위에 저것의 두개골을 보고 싶군." 그 포로는 의무실로 오라는 명령을 받았다. 그의 번호가 기록되고 시신은 그날 바로 해부실로 옮겨졌다. 사후 검사를 통해 그 남자는 주사기로 살해되었음이 밝혀졌다. 준비된 두개골은 호벤 박사에게 건네졌다.

재판 때 호벤은 이 고발을 부정하면서 딩 슐러를 비난했고 잠입 요원으로 가장하려고 시도하기도 했지만 헛일이었다. 어쨌거나 그는 감염시키는 데 사용하려고 받은 이를 없애 목숨을 구하려고 애썼다거나, 46번 막사에서 죽어 가는 실험 대상자에게 치사량을 주입해서 적어도 고통을 줄여 주려고 했다고 주장했다. 그는 그렇게 해서 가장 먼저 그들의 주머니를 차지했고(만약 주머니가 비어 있지 않았다면), 또 그렇게 침상을 비워 빈자리를 만들었다고는 말하지 않았다.

호벤이 주사기를 가지고 노는 동안, 짐승이나 진배없는 카포 디에큐는 곤봉을 휘둘렀다. 이 악랄한 천하장사는 히틀러 체제에서 유죄 선고를 받고 여러 차례 교도소에 수감된 뒤에 정치범으로 부헨발트에 보내졌다. 그는 딩 슐러가 도움을 요청했을 때 유일하게 자원한 사람이다. 폭력적이고 가학적인 그는 의료를 행할 능력이 없었음에도 환자들을 검사하고 티푸스를 접종하는 일을 했으며, 가끔은 호벤과 함께 차기 희생자들을 선택했다. 키가 크고 둔중하며 엄청난 두개골 주변에 탈모가 있었던 그는 멀리 둔 시선과 사나운 눈초리만 아니었다면 부르빌*과 조금 닮았다.

1946년 10월 빅토르 홀베르크라는 사람이 뤽셈부르크 전쟁범죄국에 출두했다.

1943년 가을, 나는 46/50 실험 막사로 이송되었다. 악명 높은 카포 아르투르 디에츄와 에르빈 딩 슐러 박사가 그 막사를 담당하고 있었다. 어느 날 나는 수감자 720명이 티푸스 환자의 혈액 주사를 맞고 감염된 것을 알게 되었다. 감염된 사람들은 3~4주 동안 끔찍한 고통을 받았고 40~41도에 이르는 고열에 시달렸다. 발열 기간 동안 절반이 넘게 사망했다. 죽지 않은 사람들은 너무도 수척해져서 해골처럼 보였다. 회복되고 나서는 고된 노동을 하도록 지명되었고 그곳에서 죽었다. 수감자들은 차별 없이 선택되었다. 1944년 말과 1945년 초에는 관습법 범죄자들과 보안 구금된 수감자들만

---

* 프랑스 배우.

선택되었다. 이 간계에 과학적인 증명 따위는 없었다. 딩 슐러는 능력이 없는 젊은 의사였고 간호사들은 어떤 교육도 받지 않았다. 카포 디에츄는 폭력적인 사람으로 커다란 몽둥이로 무장하고 방을 뛰어다니며 환자들을 죽였다.

이 정도로 충분치 않다는 듯, 제약회사가 이 비극적인 장면을 보충하기 위해 등장했다. 그때까지는 소극적으로 관찰하는 일에 만족하다가 1943년 5월부터 참여는 물론 요구도 했다. 자이클론 B라는 화학약품 생산을 담당했던 회사 이게파르벤IG Farben은 인간에게 암을 유발하는 루테놀과 아크리딘 실험을 요청했다. 다른 물질들, 특히 메틸렌블루는 마르부르크의 베링 공장에서 부헨발트로 테스트해 달라고 보낸 것이다. 딩 슐러는 이렇게 보고했다.[23]

바이에르 헥스트 회사의 지시대로 루테놀을 가루 형태로 커피잔 한가득 투약했는데 대략 0.4g에 해당하는 분량이다. 투약은 6시간 간격으로 6~10회를 보통 한 세트로 했다. 니트로아크리딘의 경우 당으로 코팅된 알약 한두 개를 하루에 3회 투약했다. 감염이 고려될 수 있는 일부 환자들은 이미 잠복기 동안 루테놀과 니트로아크리딘을 받았다. 매우 적은 양이라도 환자가 약을 복용할 수 있을 때 처방은 10회 넘게 계속되었다.

사망률은 끔찍했고 실험 결과는 가치가 없었다. 심지어 의사도 실험을 억지로 종결했다.

두 약은 질병에 어떤 호전도 가져오지 못했고 열도 낮추지 못했다. 사망률은 약을 투약하지 않은 대조군과 대략 똑같았다.

1943년 딩 슐러가 이끈 연구는 지지부진했고 그는 위협을 느꼈다. 46번 막사 사람들조차 그를 미심쩍어했다.

박사가 생산하는 백신의 효과를 의심하게 되는 이유들이 많았다. 1943년 크리스마스에 그는 백신 연구를 끝내고 새로운 실험을 계획했다. 보통은 25명으로 구성된 일련의 수감자들에게 백신을 접종하고 티푸스에 감염시켰다. 대조군은 백신 접종을 하지 않고 감염되었다. 대조군에서 50~60퍼센트가 바로 사망했다. 박사는 실험이 성공해야만 하며 그렇지 않으면 자살할 거라고 선언했다.[24]

1945년 6월 그는 약과 면도칼로 자살을 시도했으나 실패했다. 그리고 다시 한 번 자신이 계획한 일에 성공했다. 두 달 뒤에 죽은 채로 발견된 것이다. 그의 실험들은 200명 이상의 목숨을 앗아 갔으며 티푸스의 독성을 강화하는 데에는 확실히 기여했다.

15장

페이퍼클립 작전

| 페이퍼클립Paperclip 작전 |

미국 정부가 펼친 작전을 말한다. 미국으로 이송될 정치범들의 서류를 페이퍼클립으로 표시한 데에서 유래했다. 주요 목적은 제2차 세계대전에서 승리한 후 나치의 수많은 과학자들을 미국으로 데려와 독일의 첨단 기술을 연구하는 것이었다. 즉 미국이 공산주의와의 투쟁에 대비해 과학 기술과 인적 자원을 챙긴 것이다. 이 과정에서 수백 명에 이르는 나치 흉악범들이 법의 심판을 피하는 혜택을 입었다.

우리는 종종 옹호할 수 없는 뉘른베르크의 가벼운 처벌에 충격을 받곤 한다. 검사의 구형과 변호인 측의 변호가 끝나고 1947년 8월 20일과 21일에 최종 판결이 내려졌다. 피고인 7명은 '합리적인 의심을 넘어서' 유죄가 확증되어야 한다는 보통법의 원칙을 적용해 무죄를 선고받았다. 무죄 방면자들 중에 지크프리트 루프는 라셔의 상급자로 다하우의 5번 막사에서 저질러진 실험들을 감독했다. 같은 논거의 효력으로 다른 사람들도 두 번째 판결에서 무죄를 선고받았다. 징역 15년을 선고받은 바이글뵉은 1951년 석방되었다. 이 남자는 실험 대상자를 마취도 하지 않고 간 절제를 실시했다. 유감스럽게도 유명한 이게파르벤 기업의 화학자인 오토 암브로스처럼 몇 명은 고작 몇 년 뒤에 석방되었다.

왜일까? 생명이 권리를 되찾아야 하고, 시체더미와 제2차 세계대전의 잔해에서 평화가 자란다는 이유로 용서하겠다는 것이 그

근거라지만 그게 전부는 아니다. 미국인들은 종종 또 다른 승리자인 소비에트 연방과의 경쟁이라는 틀 속에서 실용주의로 찬미를 받았다. 어제의 동맹국이 내일의 적이 될 수 있으므로 기술적으로 앞서 나가는 것은 중요했다. 그런데 전 나치 독일 말고 어디에서 최고의 과학 자원들을 찾겠는가. 제3제국이 도래하기 전에 독일의 과학이 세상을 지배했던 것을 잊으면 안 된다.

한 가지 예를 들자면 20세기 초부터 1933년 사이에 노벨상을 수상한 독일인이 71명이나 된다. 몇몇은 물리학자 필립 레나르트나 화학자 리하르트 쿤처럼 확신 넘치는 나치가 되어 쩌렁쩌렁한 목소리로 "승리 만세"를 외치지 않고는 절대로 수업을 시작하지 않았다. 또 제3제국에 강력한 신경 독가스인 소만soman*을 안겨 주고, 미국에는 쾌씸한 사린sarin 가스**를 주었다.

히틀러는 기꺼이 자신을 '기술 미치광이'라고 선언했다. 힘러와 함께 그게 누가 됐든 새로운 실험에 뛰어들고자 하면 언제나 긍정적으로 들어주었으며 수많은 자금과 노동력, 실험용 인간들을 제공했다. 독일은 거의 첫 번째로 원자폭탄을 제조할 뻔했다. 미국인들은 이 분야의 새로운 것을 최후의 순간에야 갖게 되었지만,

---

- 리하르트 쿤이 개발한 무색 액체로 무색 증기를 배출하는 신경 작용제.
- 제2차 세계대전 중 나치가 개발한 화학무기로 일본의 사이비 종교단체 옴 진리교가 지하철 테러에 사용하기도 했다.

제3제국은 다른 분야는 물론 병기와 세균학에서도 많이 앞서 있었다. 이는 새로운 군비 경쟁에서 결정적일 수 있었다.

1944년 11월 스트라스부르에서 모든 것이 시작되었다. 폐허가 된 도시에서 신분 높은 물리학자이자 리볼버보다 현미경을 다루는 데 더 익숙했던 사무엘 구드스미트는 자신의 눈을 믿을 수 없었다. 그의 손에 한 편지, 곧 증거가 있었다. 그는 과학적 지식 덕분에 현장에 있었지만 독일어에 완전히 능숙했기 때문이기도 했다. 구드스미트와 그의 부하들은 독일이 원자폭탄을 제조하려다 실패한 사실을 알고 안도했지만 잠재된 세균 무기에 대한 걱정스런 루머가 돌고 있었다. 구드스미트는 연구들이 진행된 정도를 평가해야 했다. 지식과 직감이 이끄는 대로 그는 뉴욕의 록펠러 연구소에서 황열병 백신 개발에 참여하고 티푸스의 영향에 대한 '작업'으로 과학계에서 곧 유명해질 하겐 교수의 아파트로 갔다.

하겐 교수는 소비에트 점령 지역으로 도망가면서 서신들을 두고 갔다. "히틀러 만세"라고 서명된 편지들로 구드스미트는 한때 분명 자신이 존경했던 사람이 인체 실험이라는 결코 받아들일 수 없는 일을 했고 나츠바일러에 있는 동료인 히르트 박사에게 10여 명을 요청한 사실을 알게 되었다. 공포에 사로잡힌 구드스미트의 보고서를 받은 군은 걱정했다. 만약 이 실험이 결정적이었고, 나치가 수많은 가증스러운 일들을 통해 세균 무기와 자신의 군대를 보호할 적절한 백신을 만들어 냈다면?

해방의 동요 속에서 펜타곤 어딘가에 합동정보목적국^{JIOA}이 탄생했다. 목적은 육군과 해군을 위해, 그리고 1947년부터는 CIA와 NASA를 위해 나치의 과학자들을 모집하는 것이었다. 극비인 이 페이퍼클립 작전에 참여하는 신입 회원들이 과거에 잔학행위를 저지른 인물이라면 당연히 안 되었다. 그러나 어떤 증거도 요구되지 않은 이유는 중요한 문제가 다른 데에 있었기 때문이다. 그것은 정확하게 재래식 무기는 물론이고 원자폭탄, 혹은 펜타곤이 1952년으로 예견한 세균 무기가 쓰이는 새로운 전쟁, 세계대전과 모든 전쟁을 피하는 일이었다.

이처럼 1945년 5월부터 루즈벨트 대통령의 반대에도 불구하고 JIOA 멤버들은 폐허가 된 유럽을 누비며 언제나 환대의 땅으로 새로운 과학자들을 찾아다녔다. 과거 나치들조차 환대하는 미합중국을 위해 말이다. 이런 간접적인 수단으로 타협하여 미국에 합류한 과학자들의 수는 1,600명에 가깝다고 추정된다.

그들 중 독일 국방군 소장 발터 슈라이버는 수감자들에게 가스괴저병, 티푸스 바이러스, 몇몇 마약과 냉수, 저압 실험을 한 인물이다. 그는 베를린 전투 때 소련군에게 잡혔으나 몇 년 뒤 텍사스에 있는 명망 높은 항공의학 에어포스 스쿨에서 목격되었다. 또다른 인물인 헤르베르트 바그너는 최초의 활강 미사일 HS-293을 개발했는데 1943년부터 군함을 격추시키는 데 사용되었다. 그의 발명으로 연합군 해군 수천 명의 목숨이 희생되었는데도 지난 일은 잊혀진 채, 그는 첫 번째로 페이퍼클립 작전의 혜택을 받아 해군 기술정보부에 영입되었다. 또 아르투르 루돌프는 도라 노르드하우젠 강제수용소 수감자들이 노예처럼 일한 덕분에 브이 병기 (보복 무기 Vergeltungswaffe의 머리글자 V) 미사일을 제조하는 일의 지휘를 맡았다. NASA는 새턴 5호 로켓을 제조한 공을 그에게 돌려야 한다. 그가 아니었다면 아폴로 계획은 아마 절대 성공하지 못했을 것이다.

루돌프의 곁에는 역시 도라 노르드하우젠에서 무기를 만든 베른헤어 폰 브라운이 있었는데, 그는 마샬 우주항공센터의 소장이 되었다. 인간이 달 위에서 걸을 수 있었던 것은 바로 항공우주학이 탄생하고 수천 명이 사망한 곳인 도라 강제수용소의 포로들을 희생시켰기 때문이다. 한때 아메리칸 드림의 영웅이었던 루돌프는 기소를 피하기 위해 1984년 미국을 강제로 떠나야만 했다.

에리히 트라우브는 세균학자로서 힘러의 명으로 터키로 파견되어 페스트균을 가져와 무기로 만드는 일을 했다. 그는 농업사무국에서 조용한 은퇴를 선택하기 전에 그가 아는 지식으로 미군이 약간 득을 보게 해주었다.

많이 양보할 준비가 된 페이퍼클립 멤버들은 조국에 대한 애착 때문에 떠나기 싫어하는 과학자들이 조금이라도 미국을 위해 일할 수 있도록 여전히 미국의 감시 하에 있는 독일에서 평화롭게 사는 일을 보장해 주었다. 매력적이고 낭만적이며 아름다운 도시이자 미군 기지의 요새인 하이델베르크에서 주민들과 관광객들은 한동안 '소만의 아버지' 리하르트 쿤과 마주칠 수 있었다. 아마도 그의 곁에 있었을 동료들은 타분^{tabun} 가스 발명가 게르하르트 슈라더, 다하우에서 이전 동료들과 함께 라셔의 실험을 감독한 지크프리트 루프, 바이글뵉 실험의 시초가 된 염도 감소 과정을 개발한 콘라드 셰퍼다.

이런 인물들의 리스트는 정확하지 않으나 언제나 놀랍고 간혹 무섭기까지 하다. 1990년대 초반에 텍사스 의과대학 명예회원들은 난감했다. 〈뉴욕 타임스〉가 텍사스 지역의 영웅 중 한 명인 스트루그홀트 박사가 1945년에 작성된 나치 전범 리스트에 있다고 주장했기 때문이다. 스트루그홀트는 항공우주의학의 아버지로 여겨지고 있었다. 1980년대 중반부터 6월 15일은 텍사스 상원의원이 선포한 '후베르투스 스트루그홀트 박사의 날'로 지정되었다. 또한 미국에서 궁극적인 인정을 의미하는 (대통령의 이름과 함께) 그의 이름을 딴 도서관이 있었다. 그러므로 의과대학 명예의 홀에 있는 히포크라테스 흉상 옆에 그의 흉상이 놓인 것은 놀라운 일이 아니다.

스트루그홀트는 라셔가 다하우에서 벌인 실험의 진행 상황을 보고한 뉘른베르크 회의에 참석했던 사람이다. 그는 가톨릭 신부를 '어른 돼지'로 기록해 놓은 추위 실험 보고서를 읽은 사람이다. 그의 연구 조교는 반인류적인 범죄로 유죄를 선고받은 사람이다.

줄줄이 나오는 하나같이 가혹한 증거들로 박사가 죽기 1년 전인 1995년에 그의 흉상을 치우기까지 2년이라는 시간이 걸렸다.

게다가 2012년 〈월스트리트저널〉은 스트루그홀트가 간질에 걸린 아이들을 실험하는 일을 허가했다고 폭로했다. 이 소식에 경악을 금치 못한 독일의 항공우주의학협회는 1970년부터 매년 수여하던 스트루그홀트 상을 철회하기로 결정했지만 미국 사회는 잠자코 있었다. 2013년에도 한 과학자가 항공우주의학에 기여한 공로로 스트루그홀트 상을 수상했다. 지금까지 스트루그홀트의 과거를 이유로 상을 거부한 사람이 있었다는 이야기를 나는 한 번도 듣지 못했다.

이는 예외적인 사례가 아니다. 우주클럽상 플로리다 위원회는 과학자나 우주비행사를 치하하기 위해 얼굴도 붉히지 않고 커트 디버스 상을 수여한다. 천문학 애호가들에게는 이 이름이 케네디 스페이스 센터의 초대 소장을 의미한다. 역사 애호가들은 다른 이유로 그를 알고 있다. 커트 디버스는 열성적인 SS로, 일하러 갈 때 검은 제복과 붉은 완장을 보란 듯이 차려입었고 나치 인사를 거부하는 자기 동료를 게슈타포에 밀고했다. 그는 동일한 열정과 충성심을 지니고 1974년 은퇴할 때까지 28년 동안 NASA를 섬겼다. 과거가 폭로되었음에도 상급자들은 언제나 그를 나무랄 데 없는 과학자이자 '명예 미국인'으로 묘사했다.

어쩌면 커트 디버스는 미국에 도착한 후 다른 사람이 된 걸까?

인간이 달 위를 걷게 한 일이 충분한 속죄가 될까? 그가 처벌을 받아야 하는 절대적 범죄를 저지른 것은 아니지만 그의 발명은 죽음을 가져왔다. 역사가들은 민간인과 군인 9,000여 명이 V2로 죽었고, 이것을 생산하기 위해 강제수용소 수감자 1만 2,000명이 사망했다고 추정한다.

마지막으로, 그러나 앞에 언급한 사람들 못지않게 중요한 인물은 이게파르벤의 남자 오토 암브로스다. 그는 체포해야 할 전범 리스트의 상위에 있었다. 아우슈비츠 공장에서 노예로 격하된 사람들에게 그들 자신과 형제들을 죽이는 데 사용될 가스를 제조하게 했다. 그의 감독 아래에 있는 다른 생산 센터에서는 매우 유독한 사린과 타분을 생산했다. 간단히 말해 그는 악당이지만 미군에게 소중한 악당이었다. 그를 체포하려는 찰나에 암브로스는 미군과의 공모로 지프를 타고 도주했다.

하이델베르크로 가 보자. 그곳에서 미국 화학전 부대는 파렴치한 무기, 즉 청산염보다 500배나 유해하고 경련과 마비와 더불어 고통스런 죽음을 불러오는 사린 가스를 제조하려고 대단한 협력자들과 함께 온갖 방법을 동원했다. 이렇게 악랄한 무기를 미국인들은 그것을 생산함으로써 구하려고 했다. 이번에는 대의를 위해, 그러니까 미국의 대의를 위해서.

같은 공장에서 암브로스는 또 다른 눈부신 세균 병기 전문가 쿠르트 블롬과 좋았던 시절을 언제든지 회상할 수 있었다. 미국 정부를 섬긴 뒤 그는 바스프^{BASF}*를 비롯한 여러 유럽 기업으로부터 명예 자문위원으로 부름을 받았다. 아데나워**의 시대에 수상 관저 복도에서 조언을 하는 그의 모습을 심심치 않게 볼 수 있었다. 그는 1990년 아흔둘의 나이에 명석한 기업가로서 모든 명예를 누린 뒤 사망했다.

용서였을까, 타협이었을까? 미국뿐만이 아니었기에 딱 잘라 말하기는 어렵다. 소비에트 연방도 그랬고, 프랑스와 영국도 이런 움직임을 따르기를 지체하지 않았다. 프랑스가 100여 명의 독일 기술자와 엔지니어를 '초대'했음을 알아야 한다. 그들은 프랑스 전투기의 초기 제트 엔진, 초기 에어버스, 초기 프랑스 로켓을 개발할 수 있도록 해주었다. 마찬가지로 후에 유로콥터^{Eurocopter}가 된 마리냔 공장에서 만든 최초의 헬리콥터 SNCASE SE. 3000은 독일에서 만든 모델 Focke-Achgelis Fa 223 Drachen을 재활용해 진화시킨 것이었다.

또 다른 의문이 나를 괴롭혔다. 나치 의사들이 저지른 범죄적인 실험들이 현대 과학에 공헌했을까? 답은 반반이다. 오늘날 전투기 비행사들이 사용하는 반중력 슈트는 블랙아웃 현상과 의식을 잃는 것을 막아 준다. 이는 라셔로부터 비롯된 것이라고들 말한다.

---

* 독일계 글로벌 화학회사.
** 통일 전 서독의 초대 수상.

하지만 그 말은 절반만 진실이다. 1941년부터 그 원리를 상상한 캐나다의 윌버 프랭크를 시초라고 하는 것이 정당하기 때문이다.

사실 나치가 발전을 가져다준 유일한 분야는 바로 죽음이다. 사린, 타분, 미사일 등의 온갖 방법들이 나치 십자가 기장 아래 대량 범죄를 합리화하는 용도로 탄생했다. 제3제국의 이데올로기에서 왜곡된 과학과 더불어 의사들은 지옥으로 내려갔다. 이 반反의사들은 치료를 하는 대신 살인을 저질렀다. 그들은 다른 방법을 알지 못했다.

여기 그 궁극적인 증거가 있다. 여러분은 탈리도미드thalidomide 사건을 기억하는가? 2008년에 터졌지만 사건은 1950년대로 거슬러 올라간다. 탈리도미드는 임신 초기의 입덧을 없애 주는 기적의 제품으로 미국의 예비 엄마들에게 새로운 해방을 허락했다. 하지만 이것은 콘테르간contergan이라는 제품명의 약으로, 이 약을 먹은 산모에게서 태어난 아이들은 내가 인용하고 싶지 않을 정도로 너무 괴물 같은 기형들을 갖고 태어났다. 이 독의 아버지는 리하르트 쿤이고, 기업은 바로 이게파르벤이다.

고문한 의사들, 소극적 공범자, 적극적 공범자……. 이외에도 많다. 강제수용소와 그 밖의 다른 곳에 말이다. 몇몇은 행동했고, 다른 이들은 지켜보았다. 몇몇은 복종했고, 다른 이들은 주도했다. 모두 의학계의 수치다.

나는 이 책을 쓰고 싶었다. 조사를 시작하기 전에는 이 잔학행위들을 이야기하고 나 스스로에게 던졌던 질문에 명확한 답을 찾기 위해 쓰레기들의 초상을 그려 보려고 노력했다. 지금 이 책을 마무리하려는 때에 비록 내가 수많은 사람들의 목숨을 가지고 놀았던 자들을 더 잘 그렸다고 해도 그런 답이 존재하는지 더 이상 확신하지 못하겠다.

아니, 그들 모두가 무능했던 건 아니다. 아니, 그들 모두가 자신의 야심을 충족시킬 방법을 강제수용소에서 찾으려 한 못난 의사들이었던 건 아니다. 열등한 인종을 파괴하는 사슬의 한 그물코가 되어 세계를 지배하는 아리안 세상에 필요한 역할을 하겠다는 야심 말이다.

무엇보다도 그들은 혼자가 아니었다. 실험 대상의 시초나 제품 테스트를 받는 사람들로부터 동의를 받지 않은 사실로 말하자면, 공범은 명망 높은 의과대학부터 양심 없는 제약 연구소까지 파다하다. 희생자들의 피로 손을 더럽힌 수많은 과학자들을 회수해 간 연합군도 잊으면 안 된다.

의학의 진전으로 말하자면, 불행히도 그다지 쉽게 답하는 게 불가능하다. 어쨌거나 이 실험들의 압도적인 대다수는 아무것도 이끌어내지 못했다. 고통과 죽음 외에는 아무것도. 비명과 울부짖음, 탄원 외에는 아무것도.

나는 그 비명들을 상상했고 거의 들었다. 지금도 비명들은 나를 떠나지 않고 있다. 앞으로도 들리지 않을 거라고 누가 말할 수 있겠는가.

1. "Ich bin von Kopf bis Fuß auf Liebe eingestellt." 영화 〈푸른 천사Der Blaue Engel〉에서 마를렌 디트리히가 부른 노래다.

2. 다른 언급이 없다면 이 장에 인용한 것들은 다음 책에서 발췌한 것이다. François Bayle, *Croix gammée contre caducée. Les expériences humaines en Allemagne pendant la Deuxième Guerre mondiale*(Paris: Le Cherche Midi, 1950).

3. 나치의 강제수용소 시스템에서 녹색 삼각형은 관습법 위반범에게 주었고, 빨간색은 정치범에게, 갈색은 집시에게, 파란색은 무국적자에게, 분홍색은 동성애자에게, 보라색은 여호와의 증인에게, 그리고 유감스럽게도 유명한 노란색은 유대인에게 주었다. 탈옥 시도 혐의를 받은 사람들은 등에 일종의 희고 빨간 표적을 지녔다. 마지막으로 'NN', 즉 밤과 안개Nacht und Nebel 표시는 '밤과 안개' 속에 사라질 운명인 레지스탕스와 항독 지하 운동가들이었다.

4. 이 장의 인용들은 다음에서 발췌했다. François Bayle, *Croix gammée contre caducée*, 앞의 책.

5. 계속 이어지는 이야기와 증언들은 Édouard Calic, *Himmler et l'empire*

SS(Paris: Nouveau Monde, 2009)에서 가져온 것이다.

6. 다른 언급이 없다면 이 장에 나오는 증언들의 출처는 다음과 같다. Henri Vergniolle, Stefan Klemp, *KZ-Arzt Aribert Heim. Die Geschichte einer Fahndung*(Berlin: Prospero Verlag, 2010).

7. 이 인용과 이 장에서 이어지는 다른 인용들은 다음 책에서 발췌한 것이다. *Les Médecins de la mort*(Genève: Famot, 1975), 3부, p.202.

8. '베포Beppo'는 이탈리아어로 요제프의 애칭이다. 멩겔레는 가끔 그렇게 불렸다.

9. 다른 명시가 없다면 이 장의 인용들은 다음에서 발췌한 것이다. Robert Jay Lifton, *Les Médecins Nazis. Le meurtre médical et la psychologie du génocide*(Paris: Robert Laffont, 1986).

10. Élie Wiesel, *La nuit*(Paris: Éditions de Minuit, 1958).

11. Gerald Astor, *The Last Nazi. Life and Times of Dr Joseph Mengele*(New York: Donald I. Fine, 1985).

12. Tomás Eloy Martínez, *Le Roman de Perón*(Paris: Robert Laffont, 1998).

13. Jorge Camarasa, *Le Mystère Mengele. Sur les traces de l'Ange de la mort en Amérique latine*(Paris: Robert Laffont, 2008).

14. 다른 언급이 없다면 이 장에 인용한 것들은 다음 책에서 발췌한 것이다. Francois Bayle, *Croix gammee contre caducee*, 앞의 책.

15. 프랑수아 바일의 책에 증언 전문이 실려 있다.

16. Christian Bernadac, *Les Médecins maudits. Les expériences médicales dans les camps de concentration*(Paris: France-Empire, 1967).

17. Amicale de Ravensbrück et Association des déportées et internées de la Résistance, *Les Françaises à Ravensbrück*(Paris: Gallimard, 1965, 1987).

18. 이 감동적인 증언의 전문은 다음에서 읽을 수 있다. 2014년 6월 21일 열람함. http://lesamitiesdelaresistance.fr/lien17-fleury.pdf

19. 다른 언급이 없다면 이 장에 인용한 것들은 다음 책에서 발췌한 것이다. Francois Bayle, *Croix gammee contre caducee,* 앞의 책.

20. Francois Bayle, *Croix gammée contre caducée,* 앞의 책.

21. 다음 인용들은 다음 책에서 발췌했다. Francois Bayle, *Croix gammée contre caducée,* 앞의 책.

22. 다음의 책에서 발췌한 인용이다. Christian Bernadac, *Les Médecins maudits,* 앞의 책.

23. 이어지는 두 인용은 다음에서 발췌한 것이다. François Bayle, *Croix gammée contre caducée,* 앞의 책.

24. Christian Bernadac, *Les Médecins maudits,* 앞의 책.

- Amicale de Ravensbrück et Association des déportées et internées de la Résistance, *Les Françaises à Ravensbrück*(Paris: Gallimard, 1965, 1987).

- Gerald Astor, *The Last Nazi. Life and Times of Dr. Josef Mengele*(New York: Donald I. Fine, 1985).

- Philippe Aziz, *Les Médecins de la mort*, sous la direction de Jean Dumont, 4 tomes(Genève: Éditions Famot, 1975).

- Robert N. Proctor, *La Guerre des nazis contre le cancer*(Paris: Les Belles Lettres, 2001).

- François Bayle, *Croix gammée contre caducée. Les expériences humaines en Allemagne pendant la Deuxième Guerre mondiale*(Paris: Le Cherche Midi, 1950).

- Christian Bernadac, *Les Médecins maudits. Les expériences médicales dans les camps de concentration*(Paris: France-Empire, 1967).

- Édouard Calic, *Himmler et l'empire SS*(Paris: Nouveau Monde, 2009).

- Jorge Camarasa, *Le Mystère Mengele*(Paris: Robert Laffont, 2008).

- Richard J. Evans, *Le Troisième Reich*, 3 tomes(Paris: Flammarion, 2009).

- Bruno Halioua, Emmanuel Hirsch et Richard Prasquier, *Le Procès des médecins de Nuremberg. L'irruption de l'éthique médicale moderne*(Paris: Vuibert, 2007).

- Raul Hilberg, *Holocauste: les sources de l'histoire*(Paris: Gallimard, 2001).

- Annie Jacobsen, Operation Paperclip. *The Secret Intelligence Program that Brought Nazi Scientists to America*(New York: Little, Brown and Company, 2014).

- Stefan Klemp, *KZ-Arzt Aribert Heim. Die Geschichte einer Fahndung* (Berlin: Prospero Verlag, 2010).

- Robert Jay Lifton, *Les Médecins nazis. Le meurtre médical et la psychologie du génocide*(Paris: Robert Laffont, 1989).

나쁜 의사들

그곳에 히포크라테스는 없었다

ⓒ미셸 시메스

초판 1쇄 펴낸날 2015년 9월 25일

지은이 미셸 시메스
옮긴이 최고나
펴낸이 정구철
기획이사 최만영
책임편집 김민정
디자인 규 전나리
마케팅 박영준 신희용
영업관리 김효순
제작 김용학 김성수

펴낸곳 (주)한솔수북
출판등록 제2013-000276호
주소 121-896 서울시 마포구 월드컵로 96 영훈빌딩 5층
전화 02-2001-5819(편집) 02-2001-5828(영업)
전송 02-2060-0108
전자우편 isoobook@eduhansol.co.kr
책담 블로그 http://chaekdam.tistory.com
책담 페이스북 https://www.facebook.com/chaekdam

ISBN 979-11-7028-013-2 03300

책담 그대를 위한 세상의 모든 이야기